El Evangelio de la
nueva vida

Seguir a Cristo sirviendo al prójimo

ESCRITO POR EL

PAPA FRANCISCO

El Evangelio de la
nueva vida

Seguir a Cristo sirviendo al prójimo

Con la colaboración de
Giuliano Vigini

Título original: *Il vangelo della vita nuova*

© 2015 Libreria Editrice Vaticana
00120 Città del Vaticano
www.libreriaeditricevaticana.com

© 2015 Edizioni San Paolo s.r.l.
Piazza Soncino, 5 - 20092 Cinisello Balsamo (Milano)
www.edizionisanpaolo.it

© 2015 Periodici San Paolo s.r.l.
Via Giotto, 36 - 20145 Milano
www.credere.it
www.famigliacristiana.it

D.R. © 2015, derechos de la presente edición en lengua castellana:
Penguin Random House Grupo Editorial USA, LLC.,
8950 SW 74th Court, Suite 2010
Miami, FL 33156
Diseño de cubierta: Veruzca Noriega
Fotografía de cubierta: © Alessandro Bianchi / Reuters
Montaje de esta edición: Patricia Pérez Ramírez

ISBN 978-1-941999-32-5

Printed in USA

Penguin
Random House
Grupo Editorial

ÍNDICE

INTRODUCCIÓN

C on insistencia y denuncia cada día más profundas en el intento de sacudir las consciencias exhortándolas hacia un cambio interior profundo, el papa Francisco sigue vertiginosamente en el camino del anuncio del Evangelio, con el empeño de reformar la Iglesia y al mismo tiempo cambiar la dirección de marcha de un mundo que no protege la vida ni la dignidad humana.

De esta forma su discurso eclesiástico se une a un discurso de desarrollo social o, si preferimos, de una ecología humana en la cual el anhelo de poseer, el egoísmo dominante, el cálculo de destrucción, el paradójico concepto de abundancia que crea hambre y explotación tengan menos espacio para que la cultura de la responsabilidad y del respeto, del diálogo y del encuentro, de la acogida social y solidaridad tengan más valor.

El anuncio del Evangelio se mezcla en este camino con el diseño de un humanismo cristiano que, en su testimonio de vida nueva que nace del encuentro y de las enseñanzas de Jesús, utiliza cualquier medio para hacer sentir como en la Iglesia, "madre sin barreras y sin límites", como dijo el papa (21 de noviembre de 2014), donde cada uno debe llevar su ladrillo para la construcción de lo que el beato Paulo VI llamaba la "civilización del amor", un proyecto que inspiró toda su vida. Como trae a la memoria la homilía de la misa de sufragio de Paulo VI en el trigésimo aniversario de su muerte (6 de agosto de 2008), quien "fue muy sensible al problema del hambre en el mundo, al grito de dolor de los pobres, a las graves desigualdades en el acceso a los bienes de la tierra".

El papa Francisco es el nuevo intérprete de este programa, su "estilo evangelizador" tiene este objetivo como meta y dirección de su acción apostólica. Por esta razón, él exhorta a luchar contra los ídolos del mundo y a librarse de las muchas cadenas que los atan en nuestros corazones y, al mismo tiempo, invita a todo el mundo (empezando por sacerdotes y fieles) a compartir y aprender el espíritu de fraternidad, de felicidad franciscana, de valiente creatividad de la existencia cristiana hacia el proceso de beatificación al cual todos estamos llamados.

Obviamente, hace falta aún más empeño y sacrificio y, sobre todo, se requiere lucidez para distinguir lo que es esencial y prioritario transmitir al mundo de hoy, en el esfuerzo de ayudar a percibir la novedad y riqueza del mensaje del Evangelio. De allí esa urgencia de cambio primero en nosotros mismos para después poder reformar la Iglesia, eliminando la hipocresía y la vanidad, la pesadez y la herrumbre, las costumbres y el formalismo y también el afán de la carrera, el triunfalismo, los chismes y las quejas que ofuscan la credibilidad de la fe y la autenticidad del testimonio. Actitudes patentes o subyacentes que el papa Francisco critica abiertamente y con extrema constancia en cada ocasión que constituyen el *leitmotiv* dominante de cada homilía, junto a todos los otros temas que forman el amplio repertorio de su denuncia eclesiástica y social: el poder, el dinero, la corrupción, el consumismo, la explotación, el desgaste, la indiferencia, la ofensa de la dignidad humana en todas sus manifestaciones. Estos son los problemas y los retos que, en el presente de cada uno, en una vida precaria, agobiante, agraviada y rendida a la constante regresión de la justicia y de la paz en el mundo, albergan en el corazón de Francisco y que la Iglesia tiene que enfrentar en la fe a Jesús. De otra forma, como el papa gusta de repetir a menudo, la vida cristiana es una lucha continua contra el mal y las tentaciones. Por suerte, tenemos a Jesús en el camino, que nos libera de la esclavitud del pecado dejándonos saborear la libertad del amor que nos da.

Mirando a la cruz se aprende que, en la escuela de la misericordia y del amor, no estamos solos en la lucha, no se pierde nunca la esperanza y que, ante cada caída, tenemos un apoyo para levantarnos y volver al camino, empujados por la alegría que nos da la resurrección de nuestro Señor.

Pero hay otro tema que siempre se convierte en el tema fundamental para el desarrollo armónico del tejido social, y no solamente en el año dedicado al Sínodo sobre la familia.

El tema de la familia, esperanza de la Iglesia y de la sociedad, es un recurso que hay que valorizar en una perspectiva pastoral y educativa, para que se transforme más y más en lo que tiene que ser: el lugar de la poliforme complementariedad entre hombre y mujer (siguiendo "las dinámicas armónicas que se encuentran en el centro de toda la creación"), de la unión y del amor, de la educación para la vida, del crecimiento humano y psicológico, de la maduración de la responsabilidad como ciudadanos y cristianos. No hay nadie que no vea que en la familia no solamente se aprende el difícil arte de convivir y el intercambio de dones, sino que ella representa el primer campo de cultivo de todo lo que se cosechará en la propia existencia sobre las bases del entendimiento, de los ideales, de los valores que uno ha recibido y transmitido.

Este es el valor de la familia, a pesar de que hoy, en nuestra cultura de la precariedad, el matrimonio esté en crisis y todo el mundo pague las consecuencias, sobre todo las mujeres y los niños. La mentalidad de hoy atrapada en miedos psicológicos, dificultades económicas e ideas de una supuesta mayor libertad– nos empuja en una dirección opuesta a la deseada: la de un amor fuerte y duradero, consolidado por un vínculo estable, maduro y responsable.

A falta de este tipo de relación, se ha creado un contexto social en el cual las familias se vuelven más frágiles, separadas, y eso no puede ser una base sólida para construir nuestro futuro. El futuro tiene en el matrimonio "un bien único, natural, fundamental y bello para las personas, las familias, las comunidades y las sociedades".

Sin una familia fundada sobre este pilar, la sociedad no se mantiene: es como "arena sin cal", se disgrega y pierde su consistencia. De modo que, entre los mayores retos en la senda de la vida cristiana proyectada en los caminos humanos, hay tentaciones, obstáculos y problemas que se multiplican. Por esta razón, el papa Francisco exhorta a la Iglesia a emprender un mayor y generoso empeño para salir de *sí misma* y proyectarse hacia el mundo. Vivir la fe no quiere decir estar sentado en una butaca proclamando verdades abstractas, sino experimentarlas en las circunstancias de nuestra realidad: involucrándonos, arriesgándonos y ensuciándonos las manos en la vida diaria, en la lucha de creer y esperar.

I

LAS CADENAS DEL MUNDO

El afán de poseer

Una de las verdades más reconfortantes de nuestra fe es la divina Providencia. El profeta Isaías la presenta con la imagen del amor materno lleno de ternura, y dice así: «¿Puede una madre olvidar al niño que amamanta, no tener compasión del hijo de sus entrañas? Pues, aunque ella se olvidara, yo no te olvidaré» (49,15). ¡Qué hermoso es esto! Dios no se olvida de nosotros, de cada uno de nosotros. De cada uno de nosotros con nombre y apellido. Nos ama y no se olvida. Qué buen pensamiento... Esta invitación a la confianza en Dios encuentra un paralelo en la página del Evangelio de Mateo: «Mirad los pájaros del cielo —dice Jesús—: no siembran ni siegan ni almacenan y, sin embargo, vuestro Padre celestial los alimenta...

Fijaos cómo crecen los lirios del campo: no trabajan ni hilan. Y os digo que ni Salomón, en todo su fasto, estaba vestido como uno de ellos» (Mt 6, 26.28-29).

Pero pensando en tantas personas que viven en condiciones precarias o totalmente en una miseria que ofende su dignidad, estas palabras de Jesús podrían parecer abstractas, si es que no ilusorias. Pero, en realidad, son más actuales que nunca. Nos recuerdan que no se puede servir a dos señores: Dios y la riqueza. Si cada uno busca acumular para sí, no habrá jamás justicia. Debemos escuchar bien esto. Si cada uno busca acumular para sí, no habrá jamás justicia. Si, en cambio, confiando en la providencia de Dios, buscamos juntos su Reino, entonces a nadie faltará lo necesario para vivir dignamente.

Un corazón ocupado en el afán de poseer es un corazón lleno de ese anhelo de poseer pero vacío de Dios. Por ello Jesús advirtió en más de una ocasión a los ricos, porque es grande el riesgo de poner la propia seguridad en los bienes de este mundo, y la seguridad, la seguridad definitiva, está en Dios. En un corazón poseído por las riquezas no hay mucho sitio para la fe: todo está ocupado por las riquezas, no hay sitio para la fe. Si, en cambio, se deja a Dios el sitio que le corresponde, es decir, el primero, entonces su amor conduce a compartir también las riquezas, a ponerlas al servicio de proyectos de solidaridad y de desarrollo, como demuestran tantos ejemplos, incluso recientes, en la historia de la Iglesia. Y así la Providencia de Dios pasa a través de nuestro servicio a los demás, nuestro compartir con los demás. Si cada uno de nosotros no acumula riquezas sólo para sí, sino que las pone al servicio de los demás, en este caso la Providencia de Dios se hace visible en este gesto de solidaridad. Si, en cambio, alguien acumula sólo para sí, ¿qué sucederá cuando sea llamado por Dios? No podrá llevar las riquezas consigo, porque —lo sabéis— el sudario no tiene bolsillos. Es mejor compartir, porque al cielo llevamos sólo lo que hemos compartido con los demás.

La senda que indica Jesús puede parecer poco realista respecto a la mentalidad común y a los problemas de la crisis económica pero, si se piensa bien, nos conduce a una justa escala de valores. Él dice: «¿No vale más la vida que el alimento, y el cuerpo que el vestido?» (Mt 6, 25). Para que a nadie le falte el pan, el agua, el vestido, la casa, el trabajo, la salud, es necesario que todos nos reconozcamos hijos del Padre que está en el cielo y, por lo tanto, hermanos entre nosotros, y nos comportemos en consecuencia. Esto lo recordaba en el Mensaje para la paz del 1 de enero: el camino para la paz es la fraternidad: este ir juntos, compartir las cosas juntos.

A la luz de la Palabra de Dios, invoquemos a la Virgen María como Madre de la divina Providencia. A ella confiamos nuestra existencia, el camino de la Iglesia y de la humanidad. En especial, invoquemos su intercesión para que todos nos esforcemos por vivir con un estilo sencillo y sobrio, con la mirada atenta a las necesidades de los hermanos más necesitados.

La falsa alegría de lo efímero

La verdadera alegría no viene de las cosas, del tener, ¡no! Nace del encuentro, de la relación con los demás, nace de sentirse aceptado, comprendido, amado y de aceptar, comprender y amar; y esto no por el interés momentáneo, sino porque el otro, la otra, es una persona. La alegría nace de la gratuidad de un encuentro. Es escuchar: «Tú eres importante para mí», no necesariamente con palabras. Eso es hermoso… Y es precisamente lo que Dios nos hace comprender. Al llamarnos, Dios nos dice: «Tú eres importante para mí, te quiero, cuento contigo». Jesús, a cada uno de nosotros, nos dice esto. De ahí nace la alegría. La alegría del momento en que Jesús me ha mirado.

Comprender y sentir esto es el secreto de nuestra alegría. Sentirse amado por Dios, sentir que para él no somos números, sino personas, y sentir que es él quien nos llama. Convertirse en sacerdote, en religioso o religiosa no es ante todo una elección nuestra. No me fío del seminarista o de la novicia que dice: «He elegido este camino». ¡No me gusta esto! No está bien. Más bien es la respuesta a una llamada y a una llamada de amor. Siento algo dentro que me inquieta, y yo respondo sí. En la oración, el Señor nos hace sentir este amor, pero también a través de numerosas señales que podemos leer en nuestra vida, a través de numerosas personas que pone en nuestro camino. Y la alegría del encuentro con él y de su llamada lleva a no cerrarse, sino a abrirse; lleva al servicio en la Iglesia.

Santo Tomás decía *bonum est diffusivum sui* —no es un latín muy difícil—, "el bien se difunde". Y también la alegría se difunde. No tengáis miedo de mostrar la alegría de haber respondido a la llamada del Señor, a su elección de amor y de testimoniar su Evangelio en el servicio a la Iglesia. Y la alegría, la verdad, es contagiosa; contagia, hace ir hacia adelante. En cambio, cuando te encuentras con un seminarista muy serio, muy triste, o con una novicia así, piensas: ¡hay algo aquí que no está bien! Falta la alegría del Señor, la alegría que te lleva al servicio, la alegría del encuentro con Jesús, que te lleva al encuentro con los otros para anunciar a Jesús. ¡Falta esto! No hay santidad en la tristeza, ¡no hay!

Santa Teresa de Ávila decía: «Un santo triste es un triste santo». Es poca cosa. Cuando te encuentras con un seminarista, un sacerdote, una religiosa, una novicia con cara larga, triste, que parece que sobre su vida han arrojado una manta muy mojada, una de esas pesadas, que te tira al suelo… ¡Algo está mal! Pero por favor: nunca más religiosas y sacerdotes con «cara avinagrada», ¡nunca más! La alegría viene de Jesús. Pensad en esto: cuando a un sacerdote (digo sacerdote, pero también un seminarista), cuando a un sacerdote, a una religiosa, le falta la alegría, es triste; podéis pensar: «Pero es un problema psiquiátrico». No, es verdad: puede ser, puede ser, sí. Sucede: algunos, pobres, enferman… Puede ser. Pero, en general, no es un problema psiquiátrico. ¿Es un problema de insatisfacción? Sí. Pero, ¿dónde está el centro de esta falta de alegría? Es un problema de celibato. Os lo explico. Vosotros, seminaristas, religiosas, consagráis vuestro amor a Jesús, un amor grande; el corazón es para Jesús, y esto nos lleva a hacer el voto de castidad, el voto de celibato. Pero el voto de castidad y el voto de celibato no terminan en el momento del voto, van adelante… Un camino que madura, madura,

madura hacia la paternidad pastoral, hacia la maternidad pastoral, y cuando un sacerdote no es padre de su comunidad, cuando una religiosa no es madre de todos aquellos con los que trabaja, se vuelve triste. Este es el problema. Por eso os digo: la raíz de la tristeza en la vida pastoral está precisamente en la falta de paternidad y maternidad, que viene de vivir mal esta consagración que, en cambio, nos debe llevar a la fecundidad. No se puede pensar en un sacerdote o en una religiosa que no sean fecundos: ¡esto no es católico! ¡Esto no es católico! Esta es la belleza de la consagración: es la alegría, la alegría...

La estéril enfermedad del pesimismo

La alegría del Evangelio es esa que nada ni nadie nos podrá quitar (cf. Jn 16,22). Los males de nuestro mundo —y los de la Iglesia— no deberían ser excusas para reducir nuestra entrega y nuestro fervor. Mirémoslos como desafíos para crecer. Además, la mirada creyente es capaz de reconocer la luz que siempre derrama el Espíritu Santo en medio de la oscuridad, sin olvidar que «donde abundó el pecado sobreabundó la gracia» (Rm 5,20). Nuestra fe es desafiada a vislumbrar el vino en que puede convertirse el agua y a descubrir el trigo que crece en medio de la cizaña. A cincuenta años del Concilio Vaticano II, aunque nos duelan las miserias de nuestra época y estemos lejos de optimismos ingenuos, el mayor realismo no debe significar menor confianza en el Espíritu ni menor generosidad [...].

Una de las tentaciones más serias que ahogan el fervor y la audacia es la conciencia de derrota que nos convierte en pesimistas quejosos y desencantados con cara de vinagre. Nadie puede emprender una lucha si de antemano no confía plenamente en el triunfo. El que comienza sin confiar perdió de antemano la mitad de la batalla y entierra sus talentos. Aun con la dolorosa conciencia de las propias fragilidades, hay que seguir adelante sin declararse vencidos y recordar lo que el Señor dijo a san Pablo: «Te basta mi gracia, porque mi fuerza se manifiesta en la debilidad» (2 Co 12,9). El triunfo cristiano es siempre una cruz, pero una cruz que al mismo tiempo es bandera de victoria, que se lleva con una ternura combativa ante los embates del mal. El mal espíritu de la derrota es hermano de la tentación de separar antes de tiempo el trigo de la cizaña, producto de una desconfianza ansiosa y egocéntrica.

Es cierto que en algunos lugares se produjo una «descertificación» espiritual, fruto del proyecto de sociedades que quieren construirse sin Dios o que destruyen sus raíces cristianas. Allí «el mundo cristiano se está haciendo estéril, y se agota como una tierra sobreexplotada, que se convierte en arena» (John Henry Newman, *Letters of 26 January 1833*). En otros países, la resistencia violenta al cristianismo obliga a los cristianos a vivir su fe casi a escondidas en el país que aman. Esta es otra forma muy dolorosa de desierto. También la propia familia o el propio lugar de trabajo puede ser ese ambiente árido donde hay que conservar la fe y tratar de irradiarla.

Pero «precisamente a partir de la experiencia de este desierto, de este vacío, es como podemos descubrir nuevamente la alegría de creer, su importancia vital para nosotros, hombres y mujeres. En el desierto se vuelve a descubrir el valor de lo que es esencial para vivir; así, en el mundo contemporáneo, son muchas las señales de la sed de Dios, del sentido último de la vida, a menudo manifestados de forma implícita o negativa. Y en el desierto se necesitan sobre todo personas de fe que, con su propia vida, indiquen el camino hacia la Tierra prometida y de esta forma mantengan viva la esperanza" (Benedicto XVI, *Homilía de la Santa Misa de apertura del Año de la fe*, 11 de octubre de 2012). En todo caso, allí estamos llamados a ser personas-cántaros para dar de beber a los demás. A veces el cántaro se convierte en una pesada cruz, pero fue precisamente en la cruz donde, traspasado, el Señor se nos entregó como fuente de agua viva. ¡No nos dejemos robar la esperanza!

La industria de la destrucción

Cuando en el *Libro del Apocalipsis* escuchamos esta voz del ángel que gritó con voz potente a los cuatro ángeles a quienes se les había encargado devastar la tierra y el mar y destruirlo todo: «No dañéis a la tierra ni al mar ni a los árboles» (Ap 7, 3), a mí me vino a la memoria una frase que no está aquí, pero que está en el corazón de todos nosotros: «Los hombres son capaces de hacerlo mejor que vosotros». Nosotros somos capaces de devastar la tierra mejor que los ángeles. Y esto lo estamos haciendo, esto lo hacemos: devastar la Creación, devastar la vida, devastar las culturas, devastar los valores, devastar la esperanza. ¡Cuánta necesidad tenemos de la fuerza del Señor para que nos selle con su amor y con su fuerza, para detener esta descabellada carrera de destrucción! Destrucción de lo que Él nos ha dado, de las cosas más hermosas que Él hizo por nosotros, para que nosotros las llevásemos adelante, las hiciésemos crecer, para dar frutos [...] El hombre se adueña de todo, se cree Dios, se cree el rey. Y las guerras: las guerras que continúan, no precisamente sembrando semilla de vida, sino destruyendo. Es la industria de la destrucción. Es un sistema, incluso de vida, que cuando las cosas no se pueden acomodar, se descartan: se descartan los niños, se descartan los ancianos, se descartan los jóvenes sin trabajo. Esta devastación ha construido esta cultura del descarte: se descartan pueblos... Esta es la primera imagen que se me ocurrió cuando escuché esta lectura.

La segunda imagen, en la misma lectura: esta «muchedumbre inmensa, que nadie podría contar, de todas las naciones, razas, pueblos y lenguas» (7, 9). Los pueblos, la gente... Ahora empieza el frío: estos pobres que para salvar su vida tienen que huir de sus casas, de sus pueblos, de sus aldeas, hacia el desierto... Y viven en tiendas, sienten el frío, sin medicinas, hambrientos, porque el «dios-hombre» se adueñó de la Creación, de todo lo hermoso que Dios hizo por nosotros. ¿Pero quién paga la fiesta? ¡Ellos! Los pequeños, los pobres, quienes en persona acabaron en el descarte. Y esto no es historia antigua: sucede hoy. «Pero, padre, es lejano...» —También aquí, en todas partes. Sucede hoy. Diré aun más: parece que esta gente, estos niños hambrientos, enfermos, parece que no cuentan, que

27

son de otra especie, que no son humanos. Y esta multitud está ante Dios y pide: «¡Por favor, salvación! ¡Por favor, paz! ¡Por favor, pan! ¡Por favor, trabajo! ¡Por favor, hijos y abuelos! ¡Por favor, jóvenes con la dignidad de poder trabajar!». Entre estos perseguidos están también los que son perseguidos por la fe. «Uno de los ancianos me dijo: "Estos que llevan vestiduras blancas, ¿quiénes son y de dónde han venido?" [...] "Son los que vienen de la gran tribulación: han lavado y blanqueado sus vestiduras en la sangre del Cordero"» (7, 13-14). Y hoy, sin exagerar, hoy, en el día de Todos los Santos, quisiera que pensáramos en todos ellos, los santos desconocidos. Pecadores como nosotros, peor que nosotros, pero destruidos. A esta tan numerosa gente que viene de la gran tribulación. La mayor parte del mundo vive en la tribulación. Y el Señor santifica a este pueblo, pecador como nosotros, pero lo santifica con la tribulación.

Y al final, la tercera imagen: Dios. La primera, la devastación; la segunda, las víctimas; la tercera, Dios. En la segunda lectura hemos escuchado: «Ahora somos hijos de Dios y aún no se ha manifestado lo que seremos. Sabemos que, cuando Él se manifieste, seremos semejantes a Él, porque lo veremos tal cual es» (1 Jn 3, 2): es decir la esperanza. Y esta es la bendición del Señor que aún tenemos: la esperanza. La esperanza de que tenga piedad de su pueblo, que tenga piedad de estos que están en la gran tribulación, que tenga piedad también de los destructores, a fin de que se conviertan. Así, la santidad de la Iglesia sigue adelante: con esta gente, con nosotros que veremos a Dios como Él es. ¿Cuál debe ser nuestra actitud si queremos entrar en este pueblo y caminar hacia el Padre, en este mundo de devastación, en este mundo de guerras, en este mundo de tribulaciones? Nuestra actitud, lo hemos escuchado en el Evangelio, es la actitud de las Bienaventuranzas. Sólo ese camino nos llevará al encuentro con Dios. Sólo ese camino nos salvará de la destrucción, de la devastación de la tierra, de la creación, de la moral, de la historia, de la familia, de todo. Sólo ese camino: ¡pero nos hará pasar por cosas desagradables! Nos traerá problemas, persecuciones. Pero sólo ese camino nos llevará hacia adelante. Y así, este pueblo que hoy sufre tanto por el egoísmo de los devastadores, de nuestros hermanos devastadores, este pueblo sigue adelante con las Bienaventuranzas, con la esperanza de encontrar a Dios, de encontrar cara a cara al Señor, con la esperanza de llegar a ser santos, en ese momento del encuentro definitivo con Él.

Que el Señor nos ayude y nos dé la gracia de esta esperanza, pero también la gracia de la valentía de salir de todo lo que es destrucción, devastación, relativismo de vida, exclusión de los demás, exclusión de los valores, exclusión de todo lo que el Señor nos ha dado: exclusión de la paz. Que nos libre de esto y nos done la gracia de caminar con la esperanza de encontrarnos un día cara a cara con Él. Y esta esperanza, hermanos y hermanas, no defrauda.

La paradoja de la abundancia

(…) La Iglesia, como ustedes saben, siempre trata de estar atenta y solícita respecto a todo lo que se refiere al bienestar espiritual y material de las personas, sobre todo de los que viven marginados y son excluidos, para que se garanticen su seguridad y su dignidad.

Los destinos de cada nación están más que nunca enlazados entre sí, al igual que los miembros de una misma familia, que dependen los unos de los otros. Pero vivimos en una época en la que las relaciones entre las naciones están demasiado a menudo dañadas por la sospecha recíproca, que a veces se convierte en formas de agresión bélica y económica, que socava la amistad entre hermanos y rechaza o descarta al que ya está excluido. Lo sabe bien quien carece del pan cotidiano y de un trabajo decente.

Este es el cuadro del mundo, en el que se han de reconocer los límites de planteamientos basados en la soberanía de cada uno de los Estados, entendida como absoluta, y en los intereses nacionales, condicionados frecuentemente por reducidos grupos de poder. [...]

Hoy día se habla mucho de derechos, olvidando con frecuencia los deberes; tal vez nos hemos preocupado demasiado poco de los que pasan hambre. Duele constatar además que la lucha contra el hambre y la desnutrición se ve obstaculizada por la «prioridad del mercado» y por la «preeminencia de la ganancia», que han reducido los alimentos a una mercancía cualquiera, sujeta a especulación, incluso financiera. Y mientras se habla de nuevos derechos, el hambriento está ahí, en la esquina de la calle, y pide carta de ciudadanía, ser considerado en su condición, recibir una alimentación de base sana. Nos pide dignidad, no limosna.

Estos criterios no pueden permanecer en el limbo de la teoría. Las personas y los pueblos exigen que se ponga en práctica la justicia; no sólo la justicia legal, sino también la contributiva y la distributiva. Por tanto, los planes de desarrollo y la labor de las organizaciones internacionales deberían tener en cuenta el deseo, tan frecuente entre la gente común, de ver que se respetan en todas las circunstancias

31

los derechos fundamentales de la persona humana y, en nuestro caso, la persona con hambre. Cuando eso suceda, también las intervenciones humanitarias, las operaciones urgentes de ayuda o de desarrollo –el verdadero, el integral desarrollo– tendrán mayor impulso y darán los frutos deseados.

El interés por la producción, la disponibilidad de alimentos y el acceso a ellos, el cambio climático, el comercio agrícola, deben ciertamente inspirar las reglas y las medidas técnicas, pero la primera preocupación debe ser la persona misma, aquellos que carecen del alimento diario y han dejado de pensar en la vida, en las relaciones familiares y sociales, y luchan sólo por la supervivencia. El santo papa Juan Pablo II, en la inauguración de la Primera Conferencia sobre Nutrición, en 1992, puso en guardia a la comunidad internacional ante el riesgo de la «paradoja de la abundancia»: hay comida para todos, pero no todos pueden comer, mientras que el derroche, el descarte, el consumo excesivo y el uso de alimentos para otros fines, están ante nuestros ojos. ¡Esta es la paradoja! Por desgracia, esta «paradoja» sigue siendo actual. Hay pocos temas sobre los que se esgrimen tantos sofismas como los que se dicen sobre el hambre; pocos asuntos tan susceptibles de ser manipulados por los datos, las estadísticas, las exigencias de seguridad nacional, la corrupción o un reclamo lastimero a la crisis económica. Este es el primer reto que se ha de superar.

El segundo reto que se debe afrontar es la falta de solidaridad, una palabra que tenemos la sospecha de que inconscientemente la queremos sacar del diccionario. Nuestras sociedades se caracterizan por un creciente individualismo y por la división; esto termina privando a los más débiles de una vida digna y provocando revueltas contra las instituciones. Cuando falta la solidaridad en un país, se resiente todo el mundo. En efecto, la solidaridad es la actitud que hace a las personas capaces de salir al encuentro del otro y fundar sus relaciones mutuas en ese sentimiento de hermandad que va más allá de las diferencias y los límites, e impulsa a buscar juntos el bien común.

Los seres humanos, en la medida en que toman conciencia de ser parte responsable del designio de la creación, se vuelven capaces de respetarse recíprocamente, en lugar de combatir entre sí, dañando y empobreciendo el planeta. También a los Estados, concebidos como una comunidad de personas y de pueblos, se les pide que actúen de común acuerdo, que estén dispuestos a ayudarse unos a otros mediante los principios y normas que el derecho internacional pone a su disposición. Una fuente inagotable de inspiración es la ley natural, inscrita en el corazón humano, que habla un lenguaje que todos pueden entender: amor, justicia, paz, elementos inseparables entre sí. Como las personas, también los Estados y las instituciones internacionales están llamados a acoger y cultivar estos valores: amor, justicia, paz. Y hacerlo en un espíritu de diálogo y escucha recíproca. De este modo, el objetivo de nutrir a la familia humana se hace factible.

Cada mujer, hombre, niño, anciano, debe poder contar en todas partes con estas garantías. Y es deber de todo Estado, atento al bienestar de sus ciudadanos, suscribirlas sin reservas y preocuparse de su aplicación. Esto requiere perseverancia y apoyo. La Iglesia católica trata de ofrecer también en este campo su propia contribución, mediante una atención constante a la vida de los pobres, de los necesitados, en todas las partes del planeta; en esta misma línea se mueve la implicación activa de la Santa Sede en las organizaciones internacionales y con sus múltiples documentos y declaraciones. Se pretende de este modo contribuir a identificar y asumir los criterios que debe cumplir el desarrollo de un sistema internacional ecuánime. Son criterios que, en el plano ético, se basan en pilares como la verdad, la libertad, la justicia y la solidaridad; al mismo tiempo, en el campo jurídico, estos mismos criterios incluyen la relación entre el derecho a la alimentación y el derecho a la vida y a una existencia digna, el derecho a ser protegidos por la ley, no siempre cercana a la realidad de quien pasa hambre, y la obligación moral de compartir la riqueza económica del mundo. Si se cree en el principio de la unidad de la familia humana, fundado en la paternidad de Dios creador, y en la hermandad de los seres humanos, ninguna forma de presión política o económica que se sirva de la disponibilidad de alimentos puede ser aceptable. Presión política y económica. Aquí pienso en nuestra hermana y madre tierra, en el planeta, si somos libres de presiones políticas y económicas para cuidarlo, para evitar que se autodestruya. Cuidar el planeta. Recuerdo una frase que escuché de un anciano hace muchos años: "Dios siempre perdona. Las ofensas, los maltratos. Dios siempre perdona. Los hombres perdonamos a veces; la tierra no perdona nunca". Cuidar a la hermana tierra, la madre tierra, para que no responda con destrucción. Pero, por encima de todo, ningún sistema de discriminación, de hecho o de derecho, vinculado a la capacidad de acceso al mercado de los alimentos, debe ser tomado como modelo de las actuaciones internacionales que se proponen eliminar el hambre.

Los mecanismos del consumismo desmesurado

[….] Quisiera subrayar, ante todo, el estrecho vínculo que existe entre estas dos palabras: «dignidad» y «trascendente».

La «dignidad» es una palabra clave que ha caracterizado el proceso de recuperación en la segunda posguerra. Nuestra historia reciente se distingue por la indudable centralidad de la promoción de la dignidad humana contra las múltiples violencias y discriminaciones que no han faltado, tampoco en Europa, a lo largo de los siglos. La percepción de la importancia de los derechos humanos nace precisamente como resultado de un largo camino, hecho también de muchos sufrimientos y sacrificios, que ha contribuido a formar la conciencia del valor de cada persona humana, única e irrepetible. Esta conciencia cultural encuentra su fundamento no sólo en los eventos históricos, sino, sobre todo, en el pensamiento europeo, caracterizado por un rico encuentro, cuyas múltiples y lejanas fuentes provienen "de Grecia y Roma, de los ambientes celtas, germánicos y eslavos y del cristianismo que los marcó profundamente" (Juan Pablo II, *Discurso a la Asamblea Parlamentaria del Consejo de Europa*, 8 de octubre de 1998), dando lugar al concepto de «persona».

Hoy, la promoción de los derechos humanos desempeña un papel central en el compromiso de la Unión Europea, con el fin de favorecer la dignidad de la persona tanto en su seno como en las relaciones con los otros países. Se trata de un compromiso importante y admirable, pues persisten demasiadas situaciones en las que los seres humanos son tratados como objetos de los cuales se puede programar la concepción, la configuración y la utilidad, y que después pueden ser desechados cuando ya no sirven, por ser débiles, enfermos o ancianos.

Efectivamente, ¿qué dignidad existe cuando falta la posibilidad de expresar libremente el propio pensamiento o de profesar sin constricción la propia fe religiosa? ¿Qué dignidad es posible sin un marco jurídico claro, que limite el dominio de la fuerza y haga prevalecer la ley sobre la tiranía del poder? ¿Qué dignidad puede tener un hombre o una mujer cuando es objeto de todo tipo de discriminación? ¿Qué dignidad podrá encontrar una persona que no tiene qué comer o lo mínimo necesario para vivir o, peor todavía, que no tiene un trabajo que le otorga dignidad?

Promover la dignidad de la persona significa reconocer que posee derechos inalienables, de los cuales no puede ser privada arbitrariamente por nadie y, menos aún, en beneficio de intereses económicos.

Es necesario prestar atención para no caer en algunos errores que pueden nacer de una mala comprensión de los derechos humanos y de un paradójico mal uso de los mismos. Existe hoy, en efecto, la tendencia hacia una reivindicación siempre más amplia de los derechos individuales –estoy tentado de decir individualistas–, que esconde una concepción de persona humana desligada de todo contexto social y antropológico, casi como una «mónada» (μονάς), cada vez más insensible a las otras «mónadas» de su alrededor. Parece que el concepto de derecho ya no se asocia al de deber, igualmente esencial y complementario, de modo que se afirman los derechos del individuo sin tener en cuenta que cada ser humano está unido a un contexto social en el cual sus derechos y deberes están conectados a los de los demás y al bien común de la sociedad misma.

Por eso considero que es vital profundizar hoy en día en una cultura de los derechos humanos que pueda unir sabiamente la dimensión individual o mejor, personal, con la del bien común, con ese «todos nosotros» formado por individuos, familias y grupos intermedios que se unen en comunidad social. En efecto, si el derecho de cada uno no está armónicamente ordenado a un bien mayor, termina por concebirse sin limitaciones y, consecuentemente, se transforma en fuente de conflictos y de violencias.

Así, hablar de la *dignidad trascendente del hombre*, significa apelar a su naturaleza, a su capacidad innata de distinguir el bien del mal, a esa «brújula» inscrita en nuestros corazones y que Dios ha impreso en el universo creado; significa, sobre todo, mirar al hombre no como un absoluto, sino como un ser relacional. Una de las enfermedades que veo más extendidas hoy en Europa es la *soledad*, propia de quien no tiene lazo alguno. Se ve particularmente en los ancianos, a menudo abandonados a su destino, como también en los jóvenes sin puntos de referencia y de oportunidades para el futuro; se ve igualmente en los numerosos pobres que pueblan nuestras ciudades y en los ojos perdidos de los inmigrantes que han venido aquí en busca de un futuro mejor.

Esta soledad se ha agudizado por la crisis económica, cuyos efectos perduran todavía con consecuencias dramáticas desde el punto de vista social. [....]

A eso se asocian algunos estilos de vida un tanto egoístas, caracterizados por una opulencia insostenible y a menudo indiferente respecto al mundo circunstante y sobre todo a los más pobres. Se constata amargamente el predominio de las cuestiones técnicas y económicas en el centro del debate político, en detrimento de una orientación antropológica auténtica. El ser humano corre el riesgo de ser reducido a un mero engranaje de un mecanismo que lo trata como un simple bien de consumo para ser utilizado, de modo que –lamentablemente lo percibimos a menudo–, cuando la vida ya no sirve a dicho mecanismo, se la descarta sin tantos reparos, como en el caso de los enfermos, los enfermos terminales, de los ancianos abandonados y sin atenciones o de los niños asesinados antes de nacer.

Este es el gran equívoco que se produce «cuando prevalece la absolutización de la técnica» (Benedicto XVI, *Caritas in veritate*, 71) que termina por causar «una confusión entre los fines y los medios». [*ibidem*] Es el resultado inevitable de la «cultura del descarte» y del «consumismo desmesurado». Al contrario, afirmar la dignidad de la persona significa reconocer el valor de la vida humana, que se nos da gratuitamente y, por eso, no puede ser objeto de intercambio o de comercio. [...]. Cuidar la fragilidad quiere decir fuerza y ternura, lucha y fecundidad, en medio de un modelo funcionalista y privatizado que conduce inexorablemente a la «cultura del descarte» y del "consumismo desmesurado". Cuidar de la fragilidad de las personas y de los pueblos significa proteger la memoria y la esperanza; significa hacerse cargo del presente en su situación más marginal y angustiosa y ser capaz de dotarlo de dignidad.

Las tentaciones del Pastor

Las tentaciones, que tratan de oscurecer la primacía de Dios y de su Cristo, son «legión» en la vida del Pastor: van desde la tibieza, que deriva en la mediocridad, a la búsqueda de una vida tranquila, que esquiva renuncias y sacrificio. Es tentación la prisa pastoral, al igual que su hermanastra, ese letargo que conduce a la impaciencia, como si todo fuese sólo un peso. Tentación es la presunción de quien se ilusiona de poder contar sólo con sus propias fuerzas, con la abundancia de recursos y de estructuras, con las estrategias organizativas que sabe poner en práctica. Tentación es acomodarse en la tristeza, que mientras apaga toda expectativa y creatividad deja insatisfecha y, por lo tanto, incapaces de entrar en la vida a nuestra gente y de comprenderla a la luz de la mañana de Pascua.

Si nos alejamos de Jesucristo, si el encuentro con Él pierde su lozanía, acabamos tocando con la mano sólo la esterilidad de nuestras palabras y de nuestras iniciativas. Porque los proyectos pastorales sirven, pero nuestra confianza está puesta en otra parte: en el Espíritu del Señor que, en la medida de nuestra docilidad, nos abre de par en par continuamente los horizontes de la misión.

Para evitar encallarnos en los escollos, nuestra vida espiritual no puede reducirse a algunos momentos religiosos. En la sucesión de los días y de las estaciones, en la alternancia de las edades y de los acontecimientos, entrenémonos en considerarnos a nosotros mismos mirando a Aquel que no trasciende: *espiritualidad* es regreso a lo esencial, a ese bien que nadie puede quitarnos, la única cosa verdaderamente necesaria. También en los momentos de aridez, cuando las situaciones pastorales se hacen difíciles y se tiene la impresión de haber sido dejados solos, ella es *manto de consolación* mayor que toda amargura; es *medida de libertad* del juicio del así llamado «sentido común»; es fuente de alegría, que nos hace acoger todo de la mano de Dios, hasta contemplar su presencia en todo y en todos.

No nos cansemos, por lo tanto, de buscar al Señor —*de dejarnos buscar por Él*—, de cuidar en el silencio y en la escucha orante nuestra relación con Él. Mantengamos fija la mirada en Él, centro del tiempo y de la historia; hagamos lugar a su presencia en nosotros: Él es el principio y el fundamento que envuelve de misericordia nuestras debilidades y todo lo transfigura y lo renueva; Él es lo más precioso que estamos llamados a ofrecer a nuestra gente, si no queremos dejarla a merced de una sociedad de la indiferencia, tal vez de la desesperación. De Él —incluso si se lo ignorase— vive todo hombre. En Él, Hombre de las Bienaventuranzas —página evangélica que vuelve diariamente a mi meditación— pasa la medida alta de la santidad: si queremos seguirlo, no se nos ofrece otro camino. Recorriéndolo con Él, nos descubrimos pueblo, hasta reconocer con estupor y gratitud que todo es gracia, incluso las fatigas y las contradicciones de la vida humana, si se viven con corazón abierto al Señor, con la paciencia del artesano y con el corazón del pecador arrepentido.

No apoderarse de la viña

El profeta Isaías (5,1- 7) y el Evangelio de Mateo (21,33-43) usan la imagen de la viña del Señor. La viña del Señor es su «sueño», el proyecto que él cultiva con todo su amor, como un campesino cuida su viña. ¡La vid es una planta que requiere muchos cuidados!

El «sueño» de Dios es su pueblo: Él lo ha plantado y lo cultiva con amor paciente y fiel, para que se convierta en un pueblo santo, un pueblo que dé muchos frutos buenos de justicia.

Sin embargo, tanto en la antigua profecía como en la parábola de Jesús, este sueño de Dios queda frustrado. Isaías dice que la viña, tan amada y cuidada, en vez de uva «dio agrazones» (5,2.4); Dios «esperaba derecho, y ahí tenéis: asesinatos; esperaba justicia, y ahí tenéis: lamentos» (v. 7). En el Evangelio, en cambio, son los labradores quienes desbaratan el plan del Señor: no hacen su trabajo, sino que piensan en sus propios intereses.

Con su parábola, Jesús se dirige a los jefes de los sacerdotes y a los ancianos del pueblo, es decir, a los «sabios», a la clase dirigente. A ellos ha encomendado Dios de manera especial su «sueño», es decir, a su pueblo, para que lo cultiven, lo cuiden, lo protejan de los animales salvajes. El cometido de los jefes del pueblo es este: cultivar la viña con libertad, creatividad y laboriosidad.

Pero Jesús dice que aquellos labradores se apoderaron de la viña; por su codicia y soberbia, quieren disponer de ella como quieran, quitando así a Dios la posibilidad de realizar su sueño sobre el pueblo que se ha elegido.

La tentación de la codicia siempre está presente. También la encontramos en la gran profecía de Ezequiel sobre los pastores (cf. cap. 34), comentada por san Agustín en su célebre discurso que leímos en la Liturgia de las Horas. La codicia del dinero y del poder. Y para satisfacer esta codicia, los malos pastores cargan sobre los hombros de las personas fardos insoportables, que ellos mismos ni siquiera tocan con un dedo (cf. Mt 23,4).

También nosotros estamos llamados en el Sínodo de los obispos a trabajar por la viña del Señor. Las Asambleas sinodales no sirven para discutir ideas brillantes y originales o para ver quién es más inteligente... Sirven para cultivar y guardar mejor la viña del Señor, para cooperar en su sueño, su proyecto de amor por su pueblo. En este caso, el Señor nos pide que cuidemos de la familia, que desde los orígenes es parte integral de su designio de amor por la humanidad.

Somos todos pecadores y también nosotros podemos tener la tentación de «apoderarnos» de la viña, a causa de la codicia que nunca falta en nosotros, seres humanos. El sueño de Dios siempre se enfrenta con la hipocresía de algunos servidores suyos. Podemos «frustrar» el sueño de Dios si no nos dejamos guiar por el Espíritu Santo. El Espíritu nos da esa sabiduría que va más allá de la ciencia, para trabajar generosamente con verdadera libertad y humilde creatividad.

Para cultivar y guardar bien la viña es preciso que nuestro corazón y nuestra mente estén custodiados en Jesucristo por la «paz de Dios, que supera todo juicio»

(Flp 4,7). De este modo, nuestros pensamientos y nuestros proyectos serán conformes al sueño de Dios: formar un pueblo santo que le pertenezca y que produzca los frutos del Reino de Dios (cf. Mt 21,43).

II

CAMBIAR EL CORAZÓN

Somos criaturas, no somos Dios

«Rasgad vuestros corazones, no vuestros vestidos» (Jl 2, 13).
Con estas penetrantes palabras del profeta Joel, la liturgia nos introduce hoy en la Cuaresma, indicando en la conversión del corazón la característica de este tiempo de gracia. El llamamiento profético constituye un desafío para todos nosotros, ninguno excluido, y nos recuerda que la conversión no se reduce a formas exteriores o a vagos propósitos, sino que implica y transforma toda la existencia a partir del centro de la persona, desde la conciencia. Estamos invitados a emprender un camino en el cual, desafiando la rutina, nos esforzamos por abrir los ojos y los oídos, pero sobre todo, abrir el corazón, para ir más allá de nuestro «huertecito».

Abrirse a Dios y a los hermanos. Sabemos que este mundo cada vez más artificial nos hace vivir en una cultura del «hacer», de lo «útil», donde sin darnos cuenta excluimos a Dios de nuestro horizonte. ¡Pero excluimos también el horizonte mismo! La Cuaresma nos llama a «espabilarnos», a recordarnos que somos criaturas, sencillamente que no somos Dios. Cuando veo en el pequeño ambiente cotidiano algunas luchas de poder por ocupar sitios, pienso: esta gente juega a ser Dios creador. Aún no se han dado cuenta de que no son Dios.

Y también en relación con los demás corremos el riesgo de cerrarnos, de olvidarlos. Pero sólo cuando las dificultades y los sufrimientos de nuestros hermanos nos interpelan, sólo entonces podemos iniciar nuestro camino de conversión hacia la Pascua. Es un itinerario que comprende la cruz y la renuncia. El Evangelio de hoy indica los elementos de este camino espiritual: la oración, el ayuno y la limosna (cf. Mt 6, 1-6.16-18). Los tres comprenden la necesidad de no dejarse dominar por las cosas que aparentan: lo que cuenta no es la apariencia. El valor de la vida no depende de la aprobación de los demás o del éxito, sino de lo que tenemos dentro.

El primer elemento es la oración. La oración es la fuerza del cristiano y de cada persona creyente. En la debilidad y en la fragilidad de nuestra vida podemos dirigirnos a Dios con confianza de hijos y entrar en comunión con Él. Ante tantas heridas que nos hacen daño y que nos podrían endurecer el corazón, estamos llamados a sumergirnos en el mar de la oración, que es el mar inmenso de Dios, para degustar su ternura. La Cuaresma es tiempo de oración, de una oración más intensa, más prolongada, más asidua, más capaz de hacerse cargo de las necesidades de los hermanos; oración de intercesión, para interceder ante Dios por tantas situaciones de pobreza y sufrimiento.

El segundo elemento significativo del camino cuaresmal es el ayuno. Debemos estar atentos a no practicar un ayuno formal o que en verdad nos «sacia» porque nos hace sentir satisfechos. El ayuno tiene sentido si verdaderamente menoscaba nuestra seguridad, e incluso si de ello se deriva un beneficio para los demás, si nos ayuda a cultivar el estilo del Buen Samaritano, que se inclina hacia el hermano en dificultad y se ocupa de él. El ayuno comporta la elección de una vida sobria, en su estilo; una vida que no derrocha, una vida que no «descarta». Ayunar nos ayuda a entrenar el corazón en la esencialidad y en el compartir. Es un signo de toma de conciencia y de responsabilidad ante las injusticias, los atropellos, especialmente respecto a los pobres y los pequeños, y es signo de la confianza que ponemos en Dios y en su providencia.

Tercer elemento, es la limosna: ella indica la gratuidad, porque en la limosna se da a alguien de quien no se espera recibir algo a cambio. La gratuidad debería ser una de las características del cristiano, que, consciente de haber recibido todo de Dios gratuitamente, es decir, sin mérito alguno, aprende a donar a los demás gratuitamente. Hoy, a menudo, la gratuidad no forma parte de la vida cotidiana, donde todo se vende y se compra. Todo es cálculo y medida. La limosna nos ayuda a vivir la gratuidad del don, que es libertad de la obsesión del poseer, del miedo a perder lo que se tiene, de la tristeza de quien no quiere compartir con los demás el propio bienestar.

Con sus invitaciones a la conversión, la Cuaresma viene providencialmente a despertarnos, a sacudirnos del aletargamiento, del riesgo de seguir adelante por inercia. La exhortación que el Señor nos dirige por medio del profeta Joel es fuerte y clara: «Convertíos a mí de todo corazón» (Jl 2, 12). ¿Por qué debemos volver a Dios? Porque algo no está bien en nosotros, no está bien en la sociedad, en la Iglesia, y necesitamos cambiar, dar un viraje. Y esto se llama tener necesidad de convertirnos. Una vez más la Cuaresma nos dirige su llamamiento profético, para recordarnos que es posible realizar algo nuevo en nosotros mismos y a nuestro alrededor, sencillamente porque Dios es fiel, es siempre fiel, porque no puede negarse a sí mismo, sigue siendo rico en bondad y misericordia y está siempre dispuesto a perdonar y recomenzar de nuevo. Con esa confianza filial, pongámonos en camino.

Escuchar la palabra de Jesús

El Evangelio de Mateo en el capitulo 17 (vv. 1-13; cfr. anche Mc 9,2-13; Lc 9,28-36) nos presenta el acontecimiento de la Transfiguración. Jesús «tomó consigo a Pedro, a Santiago y a su hermano Juan, y subió con ellos aparte a un monte alto» (Mt 17, 1). La montaña en la Biblia representa el lugar de la cercanía con Dios y del encuentro íntimo con Él; el sitio de la oración, para estar en presencia del Señor. Allí arriba, en el monte, Jesús se muestra a los tres discípulos transfigurado, luminoso, bellísimo, y luego aparecen Moisés y Elías, que conversan con Él. Su rostro estaba tan resplandeciente y sus vestiduras tan cándidas que Pedro quedó iluminado, en tal medida que quería permanecer allí, casi deteniendo ese momento. Inmediatamente, resuena desde lo alto la voz del Padre que proclama a Jesús su Hijo predilecto, diciendo: «Escuchad-lo» (v. 5). ¡Esta palabra es importante! Nuestro Padre que dijo a los apóstoles y también a nosotros: «Escuchad a Jesús, porque es mi Hijo predilecto». Mantengamos esta palabra en la cabeza y en el corazón: «Escuchad a Jesús». Y esto no lo dice el papa, lo dice Dios Padre, a todos: a mí, a vosotros, a todos, a todos. Es como una ayuda para ir adelante por el camino de la Cuaresma. «Escuchad a Jesús». No lo olvidéis.

Es muy importante esta invitación del Padre. Nosotros, discípulos de Jesús, estamos llamados a ser personas que escuchan su voz y toman en serio sus palabras. Para escuchar a Jesús es necesario estar cerca de Él, seguirlo, como hacían las multitudes del Evangelio que lo seguían por los caminos de Palestina. Jesús no tenía una cátedra o un púlpito fijos, sino que era un maestro itinerante, proponía sus enseñanzas, que eran las enseñanzas que le había dado el Padre, a lo largo de los caminos, recorriendo trayectos no siempre previsibles y a veces poco libres de obstáculos. Seguir a Jesús para escucharle. Pero también escuchamos a Jesús en su Palabra escrita, en el Evangelio. Os hago una pregunta: ¿vosotros leéis todos los días un pasaje del Evangelio? Sí, no... sí, no... Mitad y mitad... Algunos sí y algunos no. Pero es importante. ¿Vosotros leéis el

Evangelio? Es algo bueno; es una cosa buena tener un pequeño Evangelio, pequeño, y llevarlo con nosotros, en el bolsillo, en el bolso, y leer un breve pasaje en cualquier momento del día. En cualquier momento del día tomo del bolsillo el Evangelio y leo algo, un breve pasaje. Es Jesús que nos habla allí, en el Evangelio. Pensad en esto. No es difícil ni tampoco necesario que sean los cuatro: uno de los Evangelios, pequeñito, con nosotros. Siempre el Evangelio con nosotros, porque es la Palabra de Jesús para poder escucharle.

De este episodio de la Transfiguración quisiera tomar dos elementos significativos, que sintetizo en dos palabras: subida y descenso. Nosotros necesitamos ir a un lugar apartado, subir a la montaña en un espacio de silencio, para encontrarnos a nosotros mismos y percibir mejor la voz del Señor. Esto hacemos en la oración. Pero no podemos permanecer allí. El encuentro con Dios en la oración nos impulsa nuevamente a «bajar de la montaña» y volver a la parte baja, a la llanura, donde encontramos a tantos hermanos afligidos por fatigas, enfermedades, injusticias, ignorancias, pobreza material y espiritual. A estos hermanos nuestros que atraviesan dificultades estamos llamados a llevar los frutos de la experiencia que hemos tenido con Dios, compartiendo la gracia recibida. Y esto es curioso.

Cuando oímos la Palabra de Jesús, escuchamos la Palabra de Jesús y la tenemos en el corazón, esa Palabra crece. ¿Sabéis cómo crece? ¡Donándola al otro! La Palabra de Cristo crece en nosotros cuando la proclamamos, cuando la damos a los demás. Y esta es la vida cristiana. Es una misión para toda la Iglesia, para todos los bautizados, para todos nosotros: escuchar a Jesús y donarlo a los demás.

El coraje de mirarse adentro

Todos recuerdan el Evangelio de Juan (4,1-42) que nos presenta el encuentro de Jesús con la mujer samaritana, acaecido en Sicar, junto a un antiguo pozo al que la mujer iba cada día a sacar agua. Ese día encontró allí a Jesús, sentado, «fatigado por el viaje» (Jn 4, 6). Y enseguida le dice: «Dame de beber» (v. 7). De este modo supera las barreras de hostilidad que existían entre judíos y samaritanos y rompe los esquemas de prejuicio respecto a las mujeres. La sencilla petición de Jesús es el comienzo de un diálogo franco, mediante el cual Él, con gran delicadeza, entra en el mundo interior de una persona a la cual, según los esquemas sociales, no habría debido ni siquiera dirigirle la palabra. ¡Pero Jesús lo hace! Jesús no tiene miedo. Jesús, cuando ve a una persona, va adelante porque ama. Nos ama a todos. No se detiene nunca ante una persona por prejuicios. Jesús la pone ante su situación, sin juzgarla, sino haciendo que se sienta considerada, reconocida y suscitando así en ella el deseo de ir más allá de la rutina cotidiana.

Aquella sed de Jesús no era tanto sed de agua, sino de encontrar un alma endurecida. Jesús tenía necesidad de encontrar a la samaritana para abrirle el corazón: le pide de beber para poner en evidencia la sed que había en ella misma. La mujer queda tocada por este encuentro: dirige a Jesús esos interrogantes profundos que todos tenemos dentro, pero que a menudo ignoramos. También nosotros tenemos muchas preguntas que hacer, ¡pero no encontramos el valor de dirigirlas a Jesús! La Cuaresma, queridos hermanos y hermanas, es el tiempo oportuno para mirarnos dentro, para hacer emerger nuestras necesidades espirituales más auténticas y pedir la ayuda del Señor en la oración. El ejemplo de la samaritana nos invita a expresarnos así: «Jesús, dame de esa agua que saciará mi sed eternamente».

El Evangelio dice que los discípulos quedaron maravillados de que su Maestro hablase con esa mujer. Pero el Señor es más grande que los prejuicios, por eso no tuvo temor de detenerse con la samaritana: la misericordia es más grande que el prejuicio. ¡Esto tenemos que aprenderlo bien! La misericordia es más grande que el prejuicio, y Jesús es muy misericordioso, ¡mucho! El resultado de aquel encuentro junto al pozo fue que la mujer quedó transformada: «dejó su cántaro» (v. 28) con el que iba a coger el agua, y corrió a la ciudad a contar su experiencia extraordinaria. «He encontrado a un hombre que me ha dicho todas las cosas que he hecho. ¿Será el Mesías?» ¡Estaba entusiasmada! Había ido a sacar agua del pozo y encontró otra agua, el agua viva de la misericordia, que salta hasta la vida eterna. ¡Encontró el agua que buscaba desde siempre! Corre al pueblo, aquel pueblo que la juzgaba, la condenaba y la rechazaba, y anuncia que ha encontrado al Mesías: uno que le ha cambiado la vida. Porque todo encuentro con Jesús nos cambia la vida, siempre. Es un paso adelante, un paso más cerca de Dios. Y así, cada encuentro con Jesús nos cambia la vida. Siempre, siempre es así.

En este Evangelio hallamos también nosotros el estímulo para «dejar nuestro cántaro», símbolo de todo lo que aparentemente es importante, pero que pierde valor ante el «amor de Dios». ¡Todos tenemos uno o más de uno! Yo os pregunto a vosotros, también a mí: ¿cuál es tu cántaro interior, ese que te pesa, el que te aleja de Dios?

Dejémoslo un poco aparte y con el corazón escuchemos la voz de Jesús, que nos ofrece otra agua, otra agua que nos acerca al Señor. Estamos llamados a redescubrir la importancia y el sentido de nuestra vida cristiana, iniciada en el bautismo y, como la samaritana, a dar testimonio a nuestros hermanos. ¿De qué? De la alegría. Testimoniar la alegría del encuentro con Jesús, porque he dicho que todo encuentro con Jesús nos cambia la vida, y también todo encuentro con Jesús nos llena de alegría, esa alegría que viene de dentro. Así es el Señor. Y contar cuántas cosas maravillosas sabe hacer el Señor en nuestro corazón, cuando tenemos el valor de dejar aparte nuestro cántaro.

La llamada a la conversión

En el período de la Cuaresma, la Iglesia, en nombre de Dios, renueva la llamada a la conversión. Es la llamada a cambiar de vida. Convertirse no es cuestión de un momento o de un período del año, es un compromiso que dura toda la vida. ¿Quién entre nosotros puede presumir de no ser pecador? Nadie. Todos lo somos. Escribe el apóstol Juan: «Si decimos que no hemos pecado, nos engañamos y la verdad no está en nosotros. Pero si confesamos nuestros pecados, Él, que es fiel y justo, nos perdonará los pecados y nos limpiará de toda injusticia» (1 Jn 1, 8-9). Es lo que sucede también en esta celebración y en toda esta jornada penitencial. La Palabra de Dios que hemos escuchado nos introduce en dos elementos esenciales de la vida cristiana.

El primero: *Revestirnos del hombre nuevo*. El hombre nuevo, «creado a imagen de Dios» (Ef 4, 24), nace en el Bautismo, donde se recibe la vida misma de Dios, que nos hace sus hijos y nos incorpora a Cristo y a su Iglesia. Esta vida nueva permite mirar la realidad con ojos distintos, sin dejarse distraer por las cosas que no cuentan y que no pueden durar mucho, por las cosas que se acaban con el tiempo. Por eso estamos llamados a abandonar los comportamientos del pecado y fijar la mirada en lo esencial. «El hombre vale más por lo que es que por lo que tiene» (*Gaudium et spes*, 35). He aquí la diferencia entre la vida deformada por el pecado y la vida iluminada de la gracia. Del corazón del hombre renovado según Dios proceden los comportamientos buenos: hablar siempre con verdad y evitar toda mentira; no robar, sino más bien compartir lo que se posee con los demás, especialmente con quien pasa necesidad; no ceder a la ira, al rencor y a la venganza, sino ser dóciles, magnánimos y dispuestos al perdón; no caer en la murmuración que arruina la buena fama de las personas, sino mirar en mayor medida el lado positivo de cada uno. Se trata de revestirnos del hombre nuevo, con estas actitudes nuevas.

El segundo elemento: *Permanecer en el amor* (Jn 3,23). El amor de Jesucristo dura para siempre, jamás tendrá fin porque es la vida misma de Dios. Este amor vence el pecado y otorga la fuerza para volver a levantarse y recomenzar, porque con el perdón el corazón se renueva y rejuvenece. Todos lo sabemos: nuestro Padre no se cansa jamás de amar y sus ojos no se cansan de mirar el camino que conduce a casa, para ver si regresa el hijo que se marchó y se perdió. Podemos hablar de la esperanza de Dios: nuestro Padre nos espera siempre, no nos deja sólo la puerta abierta, sino que nos espera. Él está implicado en este esperar a los hijos. Y este Padre no se cansa ni siquiera de amar al otro hijo que, incluso permaneciendo siempre en casa con él, no es partícipe, sin embargo, de su misericordia, de su compasión. Dios no está solamente en el origen del amor, sino que en Jesucristo nos llama a imitar su modo mismo de amar: «Como yo os he amado, amaos también unos a otros» (Jn 13, 34). En la medida en que los cristianos viven este amor, se convierten en el mundo en discípulos creíbles de Cristo. El amor no puede soportar el hecho de permanecer encerrado en sí mismo. Por su misma naturaleza es abierto, se difunde y es fecundo, genera siempre nuevo amor.

¿Dónde está mi corazón?

La Semana Santa, como sabemos, comienza con una procesión festiva con ramos de olivo: todo el pueblo acoge a Jesús. Los niños y los jóvenes cantan, alaban a Jesús. Pero esta semana se encamina hacia el misterio de la muerte de Jesús y de su resurrección. Hemos escuchado la Pasión del Señor. Nos hará bien hacernos una sola pregunta: ¿Quién soy yo? ¿Quién soy yo ante mi Señor? ¿Quién soy yo ante Jesús que entra con fiesta en Jerusalén? ¿Soy capaz de expresar mi alegría, de alabarlo? ¿O guardo las distancias? ¿Quién soy yo ante Jesús que sufre?

Hemos oído muchos nombres, tantos nombres. El grupo de dirigentes religiosos, algunos sacerdotes, algunos fariseos, algunos maestros de la ley, que habían decidido matarlo. Estaban esperando la oportunidad de apresarlo. ¿Soy yo como uno de ellos?

También hemos oído otro nombre: Judas. Treinta monedas. ¿Yo soy como Judas? Hemos escuchado otros nombres:

los discípulos que no entendían nada, que se durmieron mientras el Señor sufría. Mi vida, ¿está adormecida? ¿O soy como los discípulos, que no entendían lo que significaba traicionar a Jesús? ¿O como aquel otro discípulo que quería resolverlo todo con la espada? ¿Soy yo como ellos? ¿Soy yo como Judas, que finge amar y besa al Maestro para entregarlo, para traicionarlo? ¿Soy yo un traidor? ¿Soy como aquellos dirigentes que organizan a toda prisa un tribunal y buscan falsos testigos? ¿Soy como ellos? Y cuando hago esto, si lo hago, ¿creo que de este modo salvo al pueblo?

¿Soy yo como Pilatos? Cuando veo que la situación se pone difícil, ¿me lavo las manos y no sé asumir mi responsabilidad, dejando que condenen –o condenando yo mismo– a las personas?

¿Soy yo como aquel gentío que no sabía bien si se trataba de una reunión religiosa, de un juicio o de un circo, y que elige a Barrabás? Para ellos da igual: era más divertido, para humillar a Jesús.

¿Soy como los soldados que golpean al Señor, le escupen, lo insultan, se divierten humillando al Señor?

¿Soy como el Cireneo, que volvía del trabajo, cansado, pero que tuvo la buena voluntad de ayudar al Señor a llevar la cruz?

¿Soy como aquellos que pasaban ante la cruz y se burlaban de Jesús: «¡Él era tan valiente!... Que baje de la cruz y creeremos en él»? Mofarse de Jesús...

¿Soy yo como aquellas mujeres valientes y como la Madre de Jesús, que estaban allí y sufrían en silencio?

¿Soy como José, el discípulo escondido, que lleva el cuerpo de Jesús con amor para enterrarlo?

¿Soy como las dos Marías que permanecen ante el sepulcro llorando y rezando?

¿Soy como aquellos jefes que al día siguiente fueron a Pilatos para decirle: «Mira que este ha dicho que resucitaría. Que no haya otro engaño», y bloquean la vida, bloquean el sepulcro para defender la doctrina, para que no salte fuera la vida?

¿Dónde está mi corazón? ¿A cuál de estas personas me parezco? Que esta pregunta nos acompañe durante toda la Semana Santa.

Abrirse a la luz

El Evangelio de Juan nos presenta el episodio del hombre ciego de nacimiento, a quien Jesús le da la vista (9,1-41). El largo relato inicia con un ciego que comienza a ver y concluye —es curioso esto— con presuntos videntes que siguen siendo ciegos en el alma. El milagro lo narra Juan en apenas dos versículos, porque el Evangelista quiere atraer la atención no sobre el milagro en sí, sino sobre lo que sucede después, sobre las discusiones que suscita. Incluso sobre las habladurías, muchas veces una obra buena, una obra de caridad, suscita críticas y discusiones, porque hay quienes no quieren ver la verdad. Juan el Evangelista quiere atraer la atención sobre esto que ocurre incluso en nuestros días cuando se realiza una obra buena. Al ciego curado lo interroga primero la multitud asombrada —han visto el milagro y lo interrogan—, luego los doctores de la ley, e interrogan también a sus padres. Al final, el ciego curado se acerca a la fe, y esta es la gracia más grande que le da Jesús: no sólo ver, sino conocerlo a Él, verlo a Él como «la luz del mundo» (Jn 9, 5).

Mientras que el ciego se acerca gradualmente a la luz, los doctores de la ley, al contrario, se hunden cada vez más en su ceguera interior. Cerrados en su presunción, creen tener ya la luz; por ello no se abren a la verdad de Jesús. Hacen todo lo posible por negar la evidencia, ponen en duda la identidad del hombre curado; luego niegan la acción de Dios en la curación, tomando como excusa que Dios no obra en día sábado; llegan incluso a dudar de que ese hombre haya nacido ciego. Su cerrazón a la luz llega a ser agresiva y desemboca en la expulsión del templo del hombre curado.

El camino del ciego, en cambio, es un itinerario en etapas, que parte del conocimiento del nombre de Jesús. No conoce nada más sobre Él; en efecto dice: «Ese hombre que se llama Jesús hizo barro, me lo untó en los ojos» (v. 11). Tras las insistentes preguntas de los doctores de la ley, lo considera en un primer momento un profeta (v. 17) y luego un hombre cercano a Dios (v. 31). Después que fue alejado del templo, excluido de la sociedad, Jesús lo encuentra de nuevo y le «abre los ojos» por segunda vez, revelándole la propia identidad: «Yo soy el Mesías», así le dice. A este punto el que había sido ciego exclamó: «Creo, Señor» (v. 38), y se postró ante Jesús. Este es un pasaje del Evangelio que hace ver el drama de la ceguera interior de mucha gente, también la nuestra porque nosotros algunas veces tenemos momentos de ceguera interior.

Nuestra vida, algunas veces, es semejante a la del ciego que se abrió a la luz, que se abrió a Dios, que se abrió a su gracia. A veces, lamentablemente, es un poco como la de los doctores de la ley: desde lo alto de nuestro orgullo juzgamos a los demás, incluso al Señor. Hoy, somos invitados a abrirnos a la luz de Cristo para dar fruto en nuestra vida, para eliminar los comportamientos que no son cristianos; todos nosotros somos cristianos, pero todos nosotros, todos, algunas veces tenemos comportamientos no cristianos, comportamientos que son pecados. Debemos arrepentirnos de esto, eliminar estos comportamientos para caminar con decisión por el camino de la santidad, que tiene su origen en el Bautismo. También nosotros, en efecto, hemos sido «iluminados» por Cristo en el Bautismo, a fin de que, como nos recuerda san Pablo, podamos comportarnos como «hijos de la luz» (Ef 5, 9), con humildad, paciencia, misericordia. ¡Estos doctores de la ley no tenían ni humildad ni paciencia ni misericordia!

Os sugiero que toméis el Evangelio de Juan y leáis este pasaje del capítulo 9. Os hará bien, porque así veréis esta senda de la ceguera hacia la luz y la otra senda nociva hacia una ceguera más profunda. Preguntémonos: ¿cómo está nuestro corazón? ¿Tengo un corazón abierto o un corazón cerrado? ¿Abierto o cerrado hacia Dios? ¿Abierto o cerrado hacia el prójimo? Siempre tenemos en nosotros alguna cerrazón que nace del pecado, de las equivocaciones, de los errores. No debemos tener miedo. Abrámonos a la luz del Señor, Él nos espera siempre para hacer que veamos mejor, para darnos más luz, para perdonarnos. ¡No olvidemos esto! A la Virgen María confiamos el camino cuaresmal, para que también nosotros, como el ciego curado, con la gracia de Cristo podamos «salir a la luz», ir más adelante hacia la luz y renacer a una vida nueva.

El alfabeto del espíritu sacerdotal

El Señor sigue apacentando a su rebaño a través del ministerio de los obispos, con la colaboración de los presbíteros y diáconos. Es en ellos donde Jesús se hace presente, con el poder de su Espíritu, y sigue sirviendo a la Iglesia, alimentando en ella la fe, la esperanza y el testimonio de la caridad. Estos ministerios constituyen, por lo tanto, un don grande del Señor para cada comunidad cristiana y para toda la Iglesia, ya que son un signo vivo de su presencia y de su amor.

Hoy queremos preguntarnos: ¿qué se les pide a estos ministros de la Iglesia, para que vivan de modo auténtico y fecundo su servicio?

En las «Cartas pastorales» enviadas a sus discípulos Timoteo y Tito, el apóstol Pablo se detiene con atención en la figura de los obispos, presbíteros y diáconos, también en la figura de los fieles, ancianos y jóvenes. Se detiene en una descripción de cada cristiano en la Iglesia, trazando para los obispos, presbíteros y diáconos aquello a lo que están llamados y las características que se deben reconocer en los que son elegidos e investidos con estos ministerios. Ahora, es emblemático cómo, junto a las virtudes inherentes a la fe y a la vida espiritual —que no se pueden descuidar, porque son la vida misma— se enumeran algunas cualidades exquisitamente humanas: la acogida, la sobriedad, la paciencia, la mansedumbre, la fiabilidad, la bondad de corazón. Es este el alfabeto, la gramática de base de todo ministerio. Debe ser la gramática de base de todo obispo, de todo sacerdote, de todo diácono. Sí, porque sin esta predisposición hermosa y genuina a encontrar, conocer, dialogar, apreciar y relacionarse con los hermanos de modo respetuoso y sincero no es posible ofrecer un servicio y un testimonio auténticamente gozoso y creíble.

Hay luego una actitud de fondo que Pablo recomienda a sus discípulos y, en consecuencia, a todos los que son investidos con el ministerio pastoral, sean obispos, sacerdotes o diáconos. El apóstol exhorta a reavivar continuamente el don que se ha recibido (cf. 1 Tm 4, 14; 2 Tm 1, 6). Esto significa que debe estar siempre viva la consciencia de que no son obispos, sacerdotes o diáconos porque son más inteligentes, más listos y mejores que los demás, sino sólo en virtud de un don, un don de amor dispensado por Dios, en el poder de su Espíritu, para el bien de su pueblo. Esta consciencia es verdaderamente importante y constituye una gracia que se debe pedir cada día. En efecto, un pastor que es consciente de que su ministerio brota únicamente de la misericordia y del corazón de Dios nunca podrá asumir una actitud autoritaria, como si todos estuviesen a sus pies y la comunidad fuese su propiedad, su reino personal.

La consciencia de que todo es don, todo es gracia, ayuda también a un pastor a no caer en la tentación de ponerse en el centro de la atención y confiar sólo en sí mismo. Son las tentaciones de la vanidad, del orgullo, de la suficiencia, de la soberbia. ¡Ay del obispo, del sacerdote o del diácono que pensase que lo sabe todo, que tiene siempre la respuesta justa para cada cosa y que no necesita de nadie! Al contrario, la consciencia de ser él, en primer lugar, objeto de la misericordia y de la compasión de Dios debe llevar a un ministro de la Iglesia a ser siempre humilde y comprensivo respecto a los demás. Incluso con la consciencia de estar llamado a custodiar con valentía el depósito de la fe (cf. 1 Tm 6, 20), él se dispondrá a escuchar a la gente. Es consciente, en efecto, de tener siempre algo por aprender, incluso de quienes pueden estar lejos de la fe y de la Iglesia. Con sus hermanos en el ministerio, todo esto debe llevar, además, a asumir una actitud nueva, caracterizada por el compartir, la corresponsabilidad y la comunión.

Queridos amigos, debemos estar siempre agradecidos al Señor, porque en la persona y en el ministerio de los obispos, de los sacerdotes y de los diáconos sigue guiando y formando a su Iglesia, haciéndola crecer a lo largo del camino de la santidad. Al mismo tiempo, debemos seguir rezando, para que los pastores de nuestras comunidades sean imagen viva de la comunión y del amor de Dios.

III

EL CAMINO DE
LA VIDA CRISTIANA

Hacer camino

[…] La terminología típica del escultismo usa mucho la palabra «camino», como valor significativo para la vida de los adolescentes, jóvenes y adultos. Quisiera alentaros, entonces, a continuar vuestra senda que os llama a hacer camino en familia; hacer camino en la creación; hacer camino en la ciudad. Caminar haciendo camino: ¡caminantes, no errantes y no inmóviles! Caminar siempre, pero haciendo camino.

Hacer camino en familia. La familia sigue siendo siempre la célula de la sociedad y el lugar primario de la educación. Es la comunidad de amor y de vida en la que cada persona aprende a relacionarse con los demás y con el mundo, y gracias a las bases adquiridas en la familia es capaz de proyectarse en la sociedad, de asistir positivamente a otros ambientes formativos, como la escuela, la parroquia, las asociaciones... Así, en esta integración entre las bases asimiladas en la familia y las experiencias «externas» aprendemos a encontrar nuestro camino en el mundo.

Todas las vocaciones dan los primeros pasos en la familia, y de ella llevan su marca durante toda la vida [...]. Para vosotros, padres cristianos, la misión educativa encuentra su fuente específica en el sacramento del matrimonio, por lo cual la tarea de criar a los hijos constituye un auténtico ministerio en la Iglesia. Pero no sólo los padres hacia los hijos, sino también los hijos hacia los hermanos y hacia los padres mismos tienen una cierta tarea educativa, la de la ayuda mutua en la fe y en el bien. Sucede a veces que un niño con su afecto, con su sencillez, es capaz de reanimar a toda una familia. El diálogo entre los cónyuges, la escucha y la confrontación recíproca son elementos esenciales para que una familia pueda ser serena y fecunda.

Hacer camino en la creación. Nuestra época no puede desoír la cuestión ecológica, que es vital para la supervivencia del hombre, ni reducirla a una cuestión meramente política: ella, en efecto, tiene una dimensión moral que toca a todos, de modo que nadie puede desinteresarse de ello. Como discípulos de Cristo, tenemos un motivo más para unirnos a todos los hombres de buena voluntad para la conservación y la defensa de la naturaleza y del medio ambiente. La creación, en efecto, es un don confiado a nosotros por las manos del Creador. Toda la naturaleza que nos rodea es creación como nosotros, creación juntamente con nosotros, y en el destino común tiende a encontrar en Dios mismo su realización y finalidad última; la Biblia dice «cielos nuevos y tierra nueva» (cf. Is 65, 17; 2 P 3, 13; Ap 21, 1). Esta doctrina de nuestra fe es para nosotros un estímulo aún más fuerte con vistas a una relación responsable y respetuosa con la creación: en la naturaleza inanimada, en las plantas y en los animales reconocemos la huella del Creador, y en nuestros semejantes su imagen.

Vivir en estrecho contacto con la naturaleza, como lo hacéis vosotros, implica no sólo el respeto de la misma, sino también el compromiso de contribuir concretamente para eliminar los derroches de una sociedad que tiende cada vez más a desechar bienes que aún se pueden utilizar y que se pueden donar a quienes pasan necesidad.

Hacer camino en la ciudad. Al vivir en los barrios y en las ciudades, estáis llamados a ser como levadura que fermenta la masa, ofreciendo vuestro sincero aporte para la realización del bien común. Es importante saber proponer con alegría los valores evangélicos, en una confrontación leal y abierta con las diversas instancias culturales y sociales. En una sociedad compleja y multicultural, vosotros podéis testimoniar con sencillez y humildad el amor de Jesús por cada persona, experimentando también nuevos caminos de evangelización, fieles a Cristo y fieles al hombre, que en la ciudad a menudo vive situaciones agobiantes y a veces corre el riesgo de extraviarse, de perder la capacidad de ver el horizonte, de sentir la presencia de Dios. Entonces, la verdadera brújula que se puede ofrecer a estos hermanos y hermanas es un corazón cercano, un corazón «orientado», es decir, con el sentido de Dios.

Queridos hermanos y hermanas, seguid trazando vuestro camino con esperanza en el futuro. ¡Vuestra formación escultista es un buen entrenamiento! Recordemos a san Pablo (cf. 1 Cor 9, 24-27): él habla de atletas que se entrenan para la carrera a través de una disciplina severa para una recompensa efímera; el cristiano, en cambio, se entrena para ser un buen discípulo misionero del Señor Jesús, escuchando asiduamente su Palabra, confiando siempre en Él, que nunca defrauda, permaneciendo con Él en la oración y tratando de ser piedra viva en la comunidad eclesial.

La fuerza de la oración

En el Evangelio de Luca (18, 1-8) Jesús relata una parábola sobre la necesidad de orar siempre, sin cansarnos. La protagonista es una viuda que, a fuerza de suplicar a un juez deshonesto, logra que se le haga justicia en su favor. Y Jesús concluye: si la viuda logró convencer a ese juez, ¿pensáis que Dios no nos escucha a nosotros, si le pedimos con insistencia? La expresión de Jesús es muy fuerte: «Pues Dios, ¿no hará justicia a sus elegidos que claman ante Él día y noche?» (Lc 18, 7).

«Clamar día y noche» a Dios. Nos impresiona esta imagen de la oración. Pero preguntémonos: ¿por qué Dios quiere esto? ¿No conoce Él ya nuestras necesidades? ¿Qué sentido tiene «insistir» con Dios?

Esta es una buena pregunta, que nos hace profundizar en un aspecto muy importante de la fe: Dios nos invita a orar con insistencia no porque no sabe lo que necesitamos o porque no nos escucha. Al contrario, Él escucha siempre y conoce todo sobre nosotros, con amor. En nuestro camino cotidiano, especialmente en las dificultades, en la lucha contra el mal fuera y dentro de nosotros, el Señor no está lejos, está a nuestro lado; nosotros luchamos con Él a nuestro lado, y nuestra arma es precisamente la oración, que nos hace sentir su presencia junto a nosotros, su misericordia, también su ayuda. Pero la lucha contra el mal es dura y larga, requiere paciencia y resistencia, como Moisés, que debía tener los brazos levantados para que su pueblo pudiera vencer (cf. Ex 17, 8-13). Es así: hay una lucha que conducir cada día; pero Dios es nuestro aliado, la fe en Él es nuestra fuerza y la oración es la expresión de esta fe. Por ello Jesús nos asegura la victoria, pero al final se pregunta: «Cuando venga el Hijo del hombre, ¿encontrará esta fe en la tierra?» (Lc 18, 8). Si se apaga la fe, se apaga la oración, y nosotros caminamos en la oscuridad, nos extraviamos en el camino de la vida.

Por lo tanto, aprendamos de la viuda del Evangelio a orar siempre, sin cansarnos. ¡Era valiente esta viuda! Sabía luchar por sus hijos. Pienso en muchas mujeres que luchan por su familia, que rezan, que no se cansan nunca. Un recuerdo hoy, de todos nosotros, para estas mujeres que, con su actitud, nos dan un auténtico testimonio de fe, de valor, un modelo de oración. ¡Un recuerdo para ellas! Rezar siempre, pero no para convencer al Señor a fuerza de palabras. Él conoce mejor que nosotros aquello que necesitamos. La oración perseverante es más bien expresión de la fe en un Dios que nos llama a combatir con Él, cada día, en cada momento, para vencer el mal con el bien.

Observar los mandamientos

Los Diez Mandamientos son un don de Dios. La palabra «mandamiento» no está de moda; al hombre de hoy le recuerda algo negativo, la voluntad de alguien que impone límites, que pone obstáculos en la vida. Lamentablemente la historia, incluso reciente, está marcada por tiranías, por ideologías, por lógicas que han impuesto y oprimido, que no han buscado el bien del hombre, sino el poder, el éxito, el beneficio. Pero los Diez Mandamientos vienen de un Dios que nos ha creado por amor, de un Dios que ha establecido una alianza con la humanidad, un Dios que quiere sólo el bien del hombre. ¡Confiemos en Dios! ¡Fiémonos de Él! Los Diez Mandamientos nos indican un camino a seguir y constituyen también una especie de «código ético» para la construcción de sociedades justas, a medida del hombre. ¡Cuánta desigualdad en el mundo! ¡Cuánta hambre de comida y de verdad! ¡Cuánta pobreza moral y material se deriva del rechazo de Dios y de poner en su lugar a tantos ídolos! Dejémonos guiar por estas diez Palabras que iluminan y orientan a quien busca paz, justicia y dignidad.

Los Diez Mandamientos indican un camino de libertad, que encuentra plenitud en la ley del Espíritu escrita no en tablas de piedra, sino en el corazón (cf. 2 Co 3, 3): ¡Aquí están escritos los Diez Mandamientos! Es fundamental recordar cuando Dios da al pueblo de Israel, por medio de Moisés, los Diez Mandamientos. En el mar Rojo el pueblo había experimentado la gran liberación; había tocado con su mano el poder y la fidelidad de Dios, del Dios que hace libres. Ahora, Dios mismo, en el Monte Sinaí indica a su pueblo y a todos nosotros el itinerario para permanecer libres, un camino que está grabado en el corazón del hombre, como una ley moral universal (cf. Ex 20, 1-17; Dt 5, 1-22). No debemos ver los Diez Mandamientos como limitaciones a la libertad, no, no es esto, sino que debemos verlos como indicaciones *para* la libertad. No son limitaciones, sino ¡indicaciones para la libertad! Ellos nos enseñan a evitar la esclavitud a la que nos reducen tantos ídolos que construimos nosotros mismos —lo hemos experimentado muchas veces en la historia y lo experimentamos también hoy—. Ellos nos enseñan a abrirnos a una dimensión más amplia que la material, a vivir el respeto por las personas, venciendo la codicia de poder, de posesión, de dinero, a ser honestos y sinceros en nuestras relaciones, a custodiar toda la creación y nutrir nuestro planeta de ideales altos, nobles, espirituales. Seguir los Diez Mandamientos significa ser fieles a nosotros mismos, a nuestra naturaleza más auténtica y caminar hacia la libertad auténtica que Cristo enseñó en las Bienaventuranzas (cf. Mt 5, 3-12.17; Lc 6, 20-23).

Los Diez Mandamientos son una ley de amor. Moisés subió al monte para recibir de Dios las tablas de la Ley. Jesús realiza el camino opuesto: el Hijo de Dios baja, desciende en nuestra humanidad para indicarnos el sentido profundo de estas diez Palabras: ama al Señor con todo el corazón, con toda tu alma, con toda tu fuerza y al prójimo como a ti mismo (cf. Lc 10, 27). Este es el sentido más profundo de los Diez Mandamientos: el mandamiento de Jesús que lleva consigo todos los mandamientos, el Mandamiento del amor. Por ello digo que los Diez Mandamientos son Mandamientos de amor. Aquí está el corazón de los Diez Mandamientos: el Amor que viene de Dios y que da sentido a la vida, amor que nos hace vivir no como esclavos, sino como verdaderos hijos, amor que anima todas las relaciones: con Dios, con nosotros mismos —a menudo lo olvidamos— y con los demás. La verdadera libertad no es seguir nuestro egoísmo, nuestras ciegas pasiones, sino la de amar, escoger aquello que es un bien en cada situación. Los Diez Mandamientos no son un himno al «no», se refieren al «sí». Un «sí» a Dios, el «sí» al Amor, y puesto que digo «sí» al Amor, digo «no» al no

Amor, pero el «no» es una consecuencia de ese «sí» que viene de Dios y nos hace amar.

¡Redescubramos y vivamos las diez Palabras de Dios! Digamos «sí» a estos «diez caminos de amor» perfeccionados por Cristo, para defender al hombre y guiarle a la ¡verdadera libertad! Que la Virgen María nos acompañe en este camino.

Confiar en la paciencia de Dios

El segundo domingo de Pascua es también llamado «de la Divina Misericordia». Qué hermosa es esta realidad de fe para nuestra vida: la misericordia de Dios. Un amor tan grande, tan profundo el que Dios nos tiene, un amor que no decae, que siempre aferra nuestra mano y nos sostiene, nos levanta, nos guía.

En el Evangelio que se lee este domingo (Jn 20, 19-31), el apóstol Tomás experimenta precisamente esta misericordia de Dios, que tiene un rostro concreto, el de Jesús, el de Jesús resucitado. Tomás no se fía de lo que dicen los otros apóstoles: «Hemos visto el Señor»; no le basta la promesa de Jesús, que había anunciado: al tercer día resucitaré. Quiere ver, quiere meter su mano en la señal de los clavos y del costado. ¿Cuál es la reacción de Jesús? *La paciencia:* Jesús no abandona al terco Tomás en su incredulidad; le da una semana de tiempo, no le cierra la puerta, espera. Y Tomás reconoce su propia pobreza, la poca fe: «Señor mío y Dios mío»: con esta invocación simple, pero llena de fe, responde a la paciencia de Jesús. Se deja envolver por la misericordia divina, la ve ante sí, en las heridas de las manos y de los pies, en el costado abierto, y recobra la confianza: es un hombre nuevo, ya no es incrédulo sino creyente.

Y recordemos también a Pedro, que tres veces reniega de Jesús precisamente cuando debía estar más cerca de él; y cuando toca fondo encuentra la mirada de Jesús que, con paciencia, sin palabras, le dice: «Pedro, no tengas miedo de tu debilidad, confía en mí»; y Pedro comprende, siente la mirada de amor de Jesús y llora. Qué hermosa es esta mirada de Jesús, cuánta ternura. Hermanos y hermanas, no perdamos nunca la confianza en la paciente misericordia de Dios.

Pensemos en los dos discípulos de Emaús: el rostro triste, un caminar errante, sin esperanza. Pero Jesús no les abandona: recorre a su lado el camino y no sólo eso. Con paciencia explica las Escrituras que se referían a Él y se detiene a compartir con ellos la comida. Este es el estilo de Dios: no es impaciente como nosotros, que frecuentemente queremos todo y enseguida, también con las personas. Dios es paciente con nosotros porque nos ama, y quien ama comprende, espera, da confianza, no abandona, no corta los puentes, sabe perdonar. Recordémoslo en nuestra vida de cristianos: Dios nos espera siempre, aun cuando nos hayamos alejado. Él no está nunca lejos, y si volvemos a Él, está preparado para abrazarnos.

A mí me produce siempre una gran impresión releer la parábola del Padre misericordioso, me impresiona porque me infunde siempre una gran esperanza. Pensad en aquel hijo menor que estaba en la casa del Padre; era amado, y aun así quiere su parte de la herencia; y se va, lo gasta todo, llega al nivel más bajo, muy lejos del Padre; y cuando ha tocado fondo, siente nostalgia del calor de la casa paterna y vuelve. ¿Y el Padre? ¿Había olvidado al Hijo? No, nunca. Está allí, lo ve desde lejos, lo estaba esperando cada día, cada momento: ha estado siempre en su corazón como hijo, incluso cuando lo había abandonado, incluso cuando había dilapidado todo el patrimonio, es decir su libertad; el Padre con paciencia y amor, con esperanza y misericordia no había dejado ni un momento de pensar en él, y en cuanto lo ve, todavía lejano, corre a su encuentro y lo abraza con ternura, la ternura de Dios, sin una palabra de reproche: ha vuelto. Y esta es la alegría del padre. En ese abrazo al hijo está toda esta alegría: ¡ha vuelto! Dios siempre nos espera, no se cansa. Jesús nos muestra esta paciencia misericordiosa de Dios para que recobremos la confianza, la esperanza, siempre. Un gran teólogo alemán, Romano Guardini, decía que Dios responde a nuestra debilidad con su paciencia y este es el motivo de nuestra confianza, de nuestra esperanza (cf. *Glaubenserkenntnis*, Würzburg 1949, 28). Es como un diálogo entre nuestra debilidad y la paciencia de Dios, es un diálogo que, si lo hacemos, nos da esperanza.

Quisiera subrayar otro elemento: la paciencia de Dios debe encontrar en nosotros *la valentía de volver a Él*, sea cual sea el error, sea cual sea el pecado que haya en nuestra vida. Jesús invita a Tomás a meter su mano en las llagas de sus manos y de sus pies y en la herida de su costado. También nosotros podemos entrar en las llagas de Jesús, podemos tocarlo realmente, y esto ocurre cada vez que recibimos los sacramentos. San Bernardo, en una bella homilía, dice: «A través [...] de estas hendiduras [de Jesús], puedo libar miel silvestre y aceite de rocas de pedernal (cf. Dt 32,13), es decir, puedo gustar y ver qué bueno es el Señor» (Sermón 61, 4. Sobre el libro del *Cantar de los cantares*). Es precisamente en las heridas de Jesús que nosotros estamos seguros, ahí se manifiesta el amor inmenso de su corazón. Tomás lo había entendido. San Bernardo se pregunta: ¿En qué puedo poner mi confianza? ¿En mis méritos? Pero «mi único mérito es la misericordia de Dios. No seré pobre en méritos, mientras él no lo sea en misericordia. Y, porque la misericordia del Señor es mucha, muchos son también mis méritos» (*ibid*, 5). Esto es importante: la valentía de confiarme a la misericordia de Jesús, de confiar en su paciencia, de refugiarme siempre en las heridas de su amor. San Bernardo llega a afirmar: «Y, aunque tengo conciencia de mis muchos pecados, si creció el pecado, más desbordante fue la gracia (Rm 5,20)» (*ibid.*).Tal vez alguno de nosotros puede pensar: mi pecado es tan grande, mi lejanía de Dios es como la del hijo menor de la parábola, mi incredulidad es como la de Tomás; no tengo las agallas para volver, para pensar que Dios pueda acogerme y que me esté esperando precisamente a mí. Pero Dios te espera precisamente a ti, te pide sólo el valor de regresar a Él. Cuántas veces en mi ministerio pastoral me han repetido: «Padre, tengo muchos pecados», y la invitación que he hecho siempre es: «No temas, ve con Él, te está esperando, Él hará todo». Cuántas propuestas mundanas sentimos a nuestro alrededor. Dejémonos sin embargo aferrar por la propuesta de Dios, la suya es una caricia de amor. Para Dios no somos números, somos importantes; es más, somos lo más importante que tiene; aun siendo pecadores, somos lo que más le importa.

Adán, después del pecado, sintió vergüenza; se ve desnudo, siente el peso de lo que ha hecho, y sin embargo Dios no lo abandona: si en ese momento, con el pecado, inicia nuestro exilio de Dios, hay ya una promesa de vuelta, la posibilidad de volver a Él. Dios pregunta enseguida: «Adán, ¿dónde estás?», lo busca. Jesús quedó desnudo por nosotros, cargó con la vergüenza de Adán, con la desnudez de su pecado para lavar nuestro pecado: sus llagas nos han curado. Acordaos de lo de san Pablo: ¿De qué me puedo enorgullecer sino de mis debilidades, de mi pobreza? Precisamente sintiendo mi pecado, mirando mi pecado, yo puedo ver y encontrar la misericordia de Dios, su amor, e ir hacia Él para recibir su perdón.

En mi vida personal, he visto muchas veces el rostro misericordioso de Dios, su paciencia; he visto también en muchas personas la determinación de entrar en las llagas de Jesús, diciéndole: Señor estoy aquí, acepta mi pobreza, esconde en tus llagas mi pecado, lávalo con tu sangre. Y he visto siempre que Dios lo ha hecho, ha acogido, consolado, lavado, amado.

Dejémonos envolver por la misericordia de Dios; confiemos en su paciencia que siempre nos concede tiempo;

tengamos el valor de volver a su casa, de habitar en las heridas de su amor dejando que Él nos ame, de encontrar su misericordia en los sacramentos. Sentiremos su ternura, tan hermosa, sentiremos su abrazo y seremos también nosotros más capaces de misericordia, de paciencia, de perdón y de amor.

El coraje de la creatividad

Nuestro pensamiento se dirige con gran afecto y gratitud a Clara Lubich, extraordinaria testigo de este don, que en su fecunda existencia llevó el perfume de Jesús a tantas realidades humanas y a tantas partes del mundo. Fiel al carisma del que nació y se alimenta, el Movimiento de los Focolares se encuentra hoy ante la misma tarea que le espera a toda la Iglesia: ofrecer con responsabilidad y creatividad su contribución peculiar a esta nueva etapa de la evangelización. La creatividad es importante, no se puede ir adelante sin ella. Es importante. Y en este contexto, quiero deciros tres palabras a vosotros que pertenecéis al Movimiento de los Focolares y a quienes, de diferentes modos, comparten su espíritu y sus ideales: contemplar, salir, hacer escuela.

Ante todo, contemplar. Hoy, más que nunca, tenemos necesidad de contemplar a Dios y las maravillas de su amor, de vivir en Él, que en Jesús vino a poner su tienda entre nosotros (cf. Jn 1, 14). Contemplar significa, además, vivir en compañía de los hermanos y las hermanas, partir con ellos el Pan de la comunión y de la fraternidad, entrar juntos por la misma puerta (cf. Jn 10, 9) que nos introduce en el seno del Padre (cf. Jn 1, 18), porque «la contemplación que deja fuera a los demás es un engaño» (Exhortación apostólica *Evangelii gaudium*, 281). Es narcisismo.

Inspirada por Dios, en respuesta a los signos de los tiempos, Clara Lubich escribió: «He aquí el gran atractivo del tiempo moderno: sumirse en la más alta contemplación y permanecer mezclado con todos, hombre entre hombres» (*Escritos espirituales* 1, 27). Para realizar esto, es necesario ampliar la propia interioridad a la medida de Jesús y del don de su Espíritu, hacer de la contemplación la condición indispensable de una presencia solidaria y de una acción eficaz, verdaderamente libre y pura. Os animo a permanecer fieles a este ideal de contemplación, a perseverar en la búsqueda de la unión con Dios y en el amor recíproco con los hermanos y las hermanas, recurriendo a la riqueza de la Palabra de Dios y de la Tradición de la Iglesia, a este anhelo de comunión y de unidad que el Espíritu Santo ha suscitado en nuestro tiempo. ¡Y ofreced a todos este tesoro!

La segunda palabra, muy importante porque expresa el movimiento de evangelización, es salir. Salir como Jesús salió del seno del Padre para anunciar la palabra del amor a todos, hasta entregarse totalmente a sí mismo en el madero de la cruz. Debemos aprender de Él, de Jesús, esta «dinámica del éxodo y del don, del salir de sí, del caminar y sembrar siempre de nuevo, siempre más allá» (*Evangelii gaudium*, 21), para comunicar generosamente a todos el amor de Dios con respeto, y como nos enseña el Evangelio: «Gratis lo recibisteis; dadlo gratis» (Mt 10, 8). Este es el sentido de la gratuidad: porque la Redención se realizó gratuitamente. El perdón de los pecados no se puede «pagar». Lo «pagó» Cristo una vez, por todos. Debemos ejercer la gratuidad de la Redención con los hermanos y las hermanas. Dar con gratuidad, gratuitamente, lo que hemos recibido. Y la gratuidad va de la mano de la creatividad: las dos van juntas.

Para hacer esto, es preciso convertirse en expertos en ese arte que se llama «diálogo» y que no se aprende fácilmente. No podemos contentarnos con medidas incompletas, no podemos diferir sino, más bien, con la ayuda de Dios, tender hacia lo alto y ensanchar la mirada. Y para hacerlo debemos salir con valentía «hacia él, fuera del campamento, cargados con su oprobio» (Hb 13, 13). Él nos espera en las pruebas y en los gemidos de nuestros hermanos, en las plagas de la sociedad y en los interrogantes de la cultura de nuestro tiempo. Se nos parte el corazón al ver delante de una iglesia a una humanidad con tantas heridas, heridas morales, heridas existenciales, heridas de guerra, que sentimos todos los días; ver cómo los cristianos comienzan a perderse en «bizantinismos» filosóficos, teológicos, espirituales, pero en cambio sirve una espiritualidad del salir. Salir con esta espiritualidad: no quedarse dentro, cerrado con cuatro vueltas de llave. Esto no está bien. Esto es «bizantinismo». Hoy no tenemos derecho a la reflexión bizantina. Debemos salir. Porque —lo dije muchas veces— la Iglesia parece un hospital de campaña. Y cuando se va a un hospital de campaña, el primer trabajo es curar las heridas, no hacer el análisis del colesterol... esto se hará después... ¿Está claro?

Y, en fin, la tercera palabra: hacer escuela. San Juan Pablo II, en la carta apostólica *Novo millennio ineunte*, invitó a toda la Iglesia a convertirse en «la casa y la escuela de la comunión» (cf. n. 43), y vosotros habéis tomado en serio esta consigna. Es preciso formar, como exige el

Evangelio, a hombres y mujeres nuevos, y para ello es necesaria una escuela de humanidad a medida de la humanidad de Jesús. En efecto, Él es el hombre nuevo al que los jóvenes pueden mirar en todos los tiempos, del que pueden enamorarse, cuyo camino pueden seguir para afrontar los desafíos que tenemos delante. Sin un trabajo adecuado de formación de las nuevas generaciones es ilusorio pensar en la realización de un proyecto serio y duradero al servicio de una nueva humanidad.

Clara Lubich había acuñado en su tiempo una expresión que sigue siendo de gran actualidad: hoy —decía— hace falta formar «hombres-mundo», hombres y mujeres con el alma, el corazón y la mente de Jesús, y por eso capaces de reconocer e interpretar las necesidades, las preocupaciones y las esperanzas que anidan en el corazón de cada hombre.

Contigo crearemos grandes cosas

Quisiera proponeros tres simples y breves pensamientos sobre los que reflexionar. El libro del *Apocalipsis* (21,1-5) nos cuenta de la hermosa visión de san Juan: un cielo nuevo y una tierra nueva y después la Ciudad Santa que desciende de Dios. Todo es nuevo, transformado en bien, en belleza, en verdad; no hay ya lamento, luto... Esta es la acción del Espíritu Santo: nos trae la novedad de Dios; viene a nosotros y hace nuevas todas las cosas, nos cambia. ¡El Espíritu nos cambia! Y la visión de san Juan nos recuerda que estamos todos en camino hacia la Jerusalén del cielo, la novedad definitiva para nosotros y para toda la realidad, el día feliz en el que podremos ver el rostro del Señor, ese rostro maravilloso, tan bello del Señor Jesús. Podremos estar con Él para siempre, en su amor.

Veis, la novedad de Dios no se asemeja a las novedades mundanas, que son todas provisionales, pasan y siempre se busca algo más. La novedad que Dios ofrece a nuestra vida es definitiva, y no sólo en el futuro, cuando estaremos con Él, sino también ahora: Dios está haciendo todo nuevo, el Espíritu Santo nos transforma verdaderamente y quiere transformar, contando con nosotros, el mundo en que vivimos. Abramos la puerta al Espíritu, dejemos que Él nos guíe, dejemos que la acción continua de Dios nos haga hombres y mujeres nuevos, animados por el amor de Dios, que el Espíritu Santo nos concede. Qué hermoso si cada noche, pudiésemos decir: hoy en la escuela, en casa, en el trabajo, guiado por Dios, he realizado un gesto de amor hacia un compañero, mis padres, un anciano! ¡Qué hermoso!

Un segundo pensamiento: en los Actos de los Apóstoles, Pablo y Bernabé afirman que «hay que pasar mucho para entrar en el reino de Dios» (Hechos 14,22). El camino de la Iglesia, también nuestro camino cristiano personal, no es siempre fácil, encontramos dificultades, tribulación. Seguir al Señor, dejar que su Espíritu transforme nuestras zonas de sombra, nuestros comportamientos que no son según Dios, y lave nuestros pecados, es un camino que encuentra muchos obstáculos, fuera de nosotros, en el mundo, y también dentro de nosotros, en el corazón. Pero las dificultades, las tribulaciones, forman parte del camino para llegar a la gloria de Dios, como para Jesús, que ha sido glorificado en la Cruz; las encontraremos siempre en la vida. No desanimarse. Tenemos la fuerza del Espíritu Santo para vencer estas tribulaciones.

Y así llego al último punto. Es una invitación que dirijo a los que se van a confirmar y a todos: permaneced estables en el camino de la fe con una firme esperanza en el Señor. Aquí está el secreto de nuestro camino. Él nos da el valor para caminar contra corriente. Lo estáis oyendo, jóvenes: caminar contra corriente. Esto hace bien al corazón, pero hay que ser valientes para ir contra corriente, y Él nos da esta fuerza. No habrá dificultades, tribulaciones, incomprensiones que nos hagan temer si permanecemos unidos a Dios como los sarmientos están unidos a la vid, si no perdemos la amistad con Él, si le abrimos cada vez más nuestra vida. Esto también y sobre todo si nos sentimos pobres, débiles, pecadores, porque Dios fortalece nuestra debilidad, enriquece nuestra pobreza, convierte y perdona nuestro pecado. ¡Es tan misericordioso el Señor! Si acudimos a Él, siempre nos perdona. Confiemos en la acción de Dios. Con Él podemos hacer cosas grandes y sentiremos el gozo de ser sus discípulos, sus testigos. Apostad por los grandes ideales, por las cosas grandes. Los cristianos no hemos sido elegidos por el Señor para pequeñeces. Hemos de ir siempre más allá, hacia las cosas grandes. Jóvenes, ¡poned en juego vuestra vida por grandes ideales!

Novedad de Dios, tribulaciones en la vida, firmes en el Señor. Queridos amigos, abramos de par en par la puerta de nuestra vida a la novedad de Dios que nos concede el Espíritu Santo, para que nos transforme, nos fortalezca en la tribulación, refuerce nuestra unión con el Señor, nuestro permanecer firmes en Él: esta es una alegría auténtica.

Adelante en la senda de la santidad

Un gran don del Concilio Vaticano II fue haber recuperado una visión de Iglesia fundada en la comunión, y haber comprendido de nuevo el principio de la autoridad y de la jerarquía en esa perspectiva. Esto nos ha ayudado a comprender mejor que todos los cristianos, en cuanto bautizados, tienen igual dignidad ante el Señor y los une la misma vocación, que es la santidad (cf. const. *Lumen gentium*, 39-42). Ahora nos preguntamos: ¿en qué consiste esta vocación universal a ser santos? ¿Y cómo podemos realizarla?

Ante todo debemos tener bien presente que la santidad no es algo que nos procuramos nosotros, que obtenemos con nuestras cualidades y capacidades. La santidad es un don, es el don que nos da el Señor Jesús, cuando nos toma para sí y nos reviste de sí mismo, nos hace como Él. En la Carta a los Efesios, el apóstol Pablo afirma que «Cristo amó a su Iglesia: Él se entregó a sí mismo por ella, para consagrarla» (Ef 5, 25-26). Aquí está, verdaderamente la santidad es el rostro más bello de la Iglesia, el rostro más bello: es un redescubrirse en comunión con Dios, en la plenitud de su vida y de su amor. Se comprende, entonces, que la santidad no es una prerrogativa sólo de algunos: la santidad es un don ofrecido a todos, ninguno excluido, por lo cual constituye el carácter distintivo de todo cristiano. Todo esto nos hace comprender que, para ser santos, no hay que ser forzosamente obispos, sacerdotes o religiosos: no, ¡todos estamos llamados a ser santos! Muchas veces tenemos la tentación de pensar que la santidad está reservada sólo para quienes tienen la posibilidad de tomar distancia de las ocupaciones ordinarias, para dedicarse exclusivamente a la oración. Pero no es así. Alguno piensa que la santidad es cerrar los ojos y poner cara de santito. ¡No! No es esto la santidad. La santidad es algo más grande, más profundo que nos da Dios. Es más, estamos llamados a ser santos precisamente viviendo con amor y ofreciendo el propio testimonio cristiano en las ocupaciones de cada día. Y cada uno en las condiciones y en el estado de vida en el que se encuentra. ¿Tú eres consagrado, eres consagrada? Sé santo viviendo con alegría tu entrega y tu ministerio. ¿Estás casado? Sé santo amando y ocupándote de tu marido o de tu esposa, como Cristo lo hizo con la Iglesia. ¿Eres un bautizado no casado? Sé santo cumpliendo con honradez y competencia tu trabajo y ofreciendo el tiempo al servicio de los hermanos. «Pero, padre, yo trabajo en una fábrica; yo trabajo como contable, siempre con los números, y allí no se puede ser santo...». –«Sí, se puede. Allí donde trabajas, tú puedes ser santo. Dios te da la gracia para llegar a ser santo. Dios se comunica contigo». Siempre, en todo lugar se puede llegar a ser santo, es decir, podemos abrirnos a esta gracia que actúa dentro de nosotros y nos conduce a la santidad. ¿Eres padre o abuelo? Sé santo enseñando con pasión a los hijos o a los nietos a conocer y a seguir a Jesús. Es necesaria mucha paciencia para esto, para ser un buen padre, un buen abuelo, una buena madre, una buena abuela; se necesita mucha paciencia y en esa paciencia está la santidad: ejercitando la paciencia. ¿Eres catequista, educador o voluntario? Sé santo siendo signo visible del amor de Dios y de su presencia junto a nosotros. Es esto: cada estado de vida conduce a la santidad, ¡siempre! En tu casa, por la calle, en el trabajo, en la Iglesia, en ese momento y en tu estado de vida se abrió el camino hacia la santidad. No os desalentéis al ir por este camino. Es precisamente Dios quien nos da la gracia. Sólo esto pide el Señor: que estemos en comunión con Él y al servicio de los hermanos.

A este punto, cada uno de nosotros puede hacer un poco de examen de conciencia, ahora podemos hacerlo, que cada uno responda a sí mismo, en silencio: ¿cómo hemos respondido hasta ahora a la llamada del Señor a la santidad? ¿Tengo ganas de ser un poco mejor, de ser más cristiano, más cristiana? Este es el camino de la santidad. Cuando el Señor nos invita a ser santos, no nos llama a algo pesado, triste... ¡Todo lo contrario! Es la invitación a compartir su alegría, a vivir y a entregar con gozo cada momento de nuestra vida, convirtiéndolo al mismo tiempo en un don de amor para las personas que están a nuestro alrededor. Si comprendemos esto, todo cambia y adquiere un significado nuevo, un significado hermoso, un significado comenzando por las pequeñas cosas de cada día. Un ejemplo. Una señora va al mercado a hacer la compra, encuentra a una vecina y comienza a hablar, y luego vienen las críticas y esta señora dice: «No, no, no yo no hablaré mal de nadie». Este es un paso hacia la santidad, te ayuda a ser más santo. Luego, en tu casa, tu hijo te pide hablar un poco de sus cosas fantasiosas: «Oh, estoy muy cansado, he trabajado mucho hoy...» – «Pero tú acomódate y escucha a tu hijo, que lo necesita». Y tú te acomodas, lo escuchas con paciencia: este es un paso hacia la santidad. Luego termina el día, estamos todos cansados, pero está la oración. Hagamos la oración: también este es un paso hacia la santidad. Después viene el domingo y vamos a misa, comulgamos, a veces precedido de una hermosa confesión que nos limpie un poco. Esto es un paso hacia la santidad. Luego pensamos en la Virgen,

101

tan buena, tan hermosa, y tomamos el rosario y rezamos. Este es un paso hacia la santidad. Luego voy por la calle, veo a un pobre, a un necesitado, me detengo, hablo con él, le doy algo: es un paso a la santidad. Son pequeñas cosas, pero muchos pequeños pasos hacia la santidad. Cada paso hacia la santidad nos hará personas mejores, libres del egoísmo y de la cerrazón en sí mismos, y abiertas a los hermanos y a sus necesidades.

Queridos amigos, en la Primera Carta de san Pedro se nos dirige esta exhortación: «Como buenos administradores de la multiforme gracia de Dios, poned al servicio de los demás el carisma que cada uno ha recibido. Si uno habla, que sean sus palabras como palabras de Dios; si uno presta servicio, que lo haga con la fuerza que Dios le concede, para que Dios sea glorificado en todo, por medio de Jesucristo» (4, 10-11). He aquí la invitación a la santidad. Acojámosla con alegría y apoyémonos unos a otros, porque el camino hacia la santidad no se recorre solo, cada uno por su cuenta, sino que se recorre juntos, en ese único cuerpo que es la Iglesia, amada y santificada por el Señor Jesucristo. Sigamos adelante con valentía en esta senda de la santidad.

IV

EN LOS CAMINOS DEL HOMBRE

Miembros de una Iglesia madre

Hemos tenido ocasión de destacar varias veces que no se llega a ser cristiano por uno mismo, es decir, con las propias fuerzas, de modo autónomo, ni tampoco se llega a ser cristiano en un laboratorio, sino que somos engendrados y alimentados en la fe en el seno de ese gran cuerpo que es la Iglesia. En este sentido la Iglesia es verdaderamente madre, nuestra madre Iglesia —es hermoso decirlo así: nuestra madre Iglesia— una madre que nos da vida en Cristo y nos hace vivir con todos los demás hermanos en la comunión del Espíritu Santo.

La Iglesia, en su maternidad, tiene como modelo a la Virgen María, el modelo más hermoso y más elevado que pueda existir. Es lo que ya habían destacado las primeras comunidades cristianas y el Concilio Vaticano II expresó de modo admirable (cf. const. *Lumen gentium*, 63-64). La maternidad de María es ciertamente única, extraordinaria, y se realizó en la plenitud de los tiempos, cuando la Virgen dio a luz al Hijo de Dios, concebido por obra del Espíritu Santo. Así, pues, la maternidad de la Iglesia se sitúa precisamente en continuidad con la de María, como prolongación en la historia. La Iglesia, en la fecundidad del Espíritu, sigue engendrando nuevos hijos en Cristo, siempre en la escucha de la Palabra de Dios y en la docilidad a su designio de amor. La Iglesia es madre. El nacimiento de Jesús en el seno de María, en efecto, es preludio del nacimiento de cada cristiano en el seno de la Iglesia, desde el momento que Cristo es el primogénito de una multitud de hermanos (cf. Rm 8, 29) y nuestro primer hermano Jesús nació de María, es el modelo, y todos nosotros hemos nacido en la Iglesia. Comprendemos, entonces, cómo la relación que une a María y a la Iglesia es tan profunda: mirando a María descubrimos el rostro más hermoso y más tierno de la Iglesia; y mirando a la Iglesia reconocemos los rasgos sublimes de María. Nosotros cristianos, no somos huérfanos, tenemos una mamá, tenemos una madre, ¡y esto es algo grande! ¡No somos huérfanos! La Iglesia es madre, María es madre.

La Iglesia es nuestra madre porque nos ha dado a luz en el Bautismo. Cada vez que bautizamos a un niño, se convierte en hijo de la Iglesia, entra en la Iglesia. Y desde ese día, como mamá atenta, nos hace crecer en la fe y nos indica, con la fuerza de la Palabra de Dios, el camino de salvación, defendiéndonos del mal.

La Iglesia ha recibido de Jesús el tesoro precioso del Evangelio no para tenerlo para sí, sino para entregarlo generosamente a los demás, como hace una mamá. En este servicio de evangelización se manifiesta de modo peculiar la maternidad de la Iglesia, comprometida, como una madre, a ofrecer a sus hijos el sustento espiritual que alimenta y hace fructificar la vida cristiana. Todos, por lo tanto, estamos llamados a acoger con mente y corazón abiertos la Palabra de Dios que la Iglesia dispensa cada día, porque esta Palabra tiene la capacidad de cambiarnos desde dentro. Sólo la Palabra de Dios tiene esta capacidad de cambiarnos desde dentro, desde nuestras raíces más profundas. La Palabra de Dios tiene este poder. ¿Y quién nos da la Palabra de Dios? La madre Iglesia. Ella nos amamanta desde niños con esta Palabra, nos educa durante toda la vida con esta Palabra, y esto es algo grande. Es precisamente la madre Iglesia que con la Palabra de Dios nos cambia desde dentro. La Palabra de Dios que nos da la madre Iglesia nos transforma, hace nuestra humanidad no palpitante según la mundanidad de la carne, sino según el Espíritu.

En su solicitud maternal, la Iglesia se esfuerza por mostrar a los creyentes el camino a recorrer para vivir una vida fecunda de alegría y de paz. Iluminados por la luz del Evangelio y sostenidos por la gracia de los Sacramentos, especialmente la Eucaristía, podemos orientar nuestras opciones al bien y atravesar con valentía y esperanza los momentos de oscuridad y los senderos más tortuosos. El camino de salvación, a través del cual la Iglesia nos guía y nos acompaña con la fuerza del Evangelio y el apoyo de los Sacramentos, nos da la capacidad de defendernos del mal. La Iglesia tiene la valentía de una madre que sabe que tiene que defender a sus propios hijos de los peligros que derivan de la presencia de Satanás en el mundo, para llevarlos al encuentro con Jesús. Una madre defiende siempre a los hijos. Esta defensa consiste también en exhortar a la vigilancia: vigilar contra el engaño y la seducción del maligno. Porque si bien Dios venció a Satanás, este vuelve siempre con sus tentaciones; nosotros lo sabemos, todos somos tentados, hemos sido tentados y somos tentados. Satanás viene «como león rugiente» (1 P 5, 8), dice el apóstol Pedro, y nosotros no podemos ser ingenuos, sino que hay que vigilar y resistir firmes en la fe. Resistir con los consejos de la madre Iglesia, resistir con la ayuda de la madre Iglesia, que como una mamá buena siempre acompaña a sus hijos en los momentos difíciles. Queridos amigos, esta es la Iglesia, esta es la Iglesia que todos amamos, esta es la Iglesia que yo amo: una madre a la que le interesa el bien de sus hijos y que es capaz de dar la vida por ellos. No tenemos que olvidar, sin embargo, que la Iglesia no son sólo los sacerdotes, o nosotros obispos, no, ¡somos todos! ¡La Iglesia somos todos! ¿De acuerdo? Y también nosotros somos hijos, pero también madres de otros cristianos. Todos los bautizados, hombres y mujeres, juntos somos la Iglesia. ¡Cuántas veces en nuestra vida no damos testimonio de esta maternidad de la Iglesia, de esta valentía maternal de la Iglesia! ¡Cuántas veces somos cobardes! Encomendémonos a María, para que Ella, como madre de nuestro hermano primogénito Jesús, nos enseñe a tener su mismo espíritu maternal respecto a nuestros hermanos, con la capacidad sincera de acoger, de perdonar, de dar fuerza y de infundir confianza y esperanza. Es esto lo que hace una mamá.

A la escuela de la misericordia

Hemos puesto de relieve cómo la Iglesia nos hace crecer y, con la luz y la fuerza de la Palabra de Dios, nos indica el camino de la salvación y nos defiende del mal. Hoy quisiera destacar un aspecto especial de esta acción educativa de nuestra madre Iglesia, es decir cómo *ella nos enseña las obras de misericordia*.

Un buen educador apunta a lo *esencial*. No se pierde en los detalles, sino que quiere transmitir lo que verdaderamente cuenta para que el hijo o el discípulo encuentre el sentido y la alegría de vivir. Es la verdad. Y lo esencial, según el Evangelio, es la misericordia. Lo esencial del Evangelio es la misericordia. Dios envió a su Hijo, Dios se hizo hombre para salvarnos, es decir para darnos su misericordia. Lo dice claramente Jesús al resumir su enseñanza para los discípulos: «Sed misericordiosos, como vuestro Padre es misericordioso» (Lc 6, 36). ¿Puede existir un cristiano que no sea misericordioso? No. El cristiano necesariamente debe ser misericordioso, porque este es el centro del Evangelio. Y fiel a esta enseñanza, la Iglesia no puede más que repetir lo mismo a sus hijos: «Sed misericordiosos», como lo es el Padre, y como lo fue Jesús. Misericordia.

Y entonces la Iglesia se comporta como Jesús. No da lecciones teóricas sobre el amor, sobre la misericordia. No difunde en el mundo una filosofía, un camino de sabiduría... Cierto, el cristianismo es también todo esto, pero como consecuencia, por reflejo. La madre Iglesia, como Jesús, enseña con el ejemplo, y las palabras sirven para iluminar el significado de sus gestos.

La madre Iglesia nos enseña a dar de comer y de beber a quien tiene hambre y sed, a vestir a quien está desnudo. ¿Y cómo lo hace? Lo hace con el ejemplo de muchos santos y santas que hicieron esto de modo ejemplar; pero lo hace con el ejemplo de muchísimos padres y madres, que enseñan a sus hijos que lo que nos sobra a ñosotros es para quien le falta lo necesario [...].

La madre Iglesia enseña a estar cerca de quien está enfermo. ¡Cuántos santos y santas sirvieron a Jesús de este modo! Y cuántos hombres y mujeres sencillos, cada día, ponen en práctica esta obra de misericordia en una habitación de hospital, o en un asilo, o en la propia casa, asistiendo a una persona enferma.

La madre Iglesia enseña a estar cerca de quien está en la cárcel. «Pero Padre, no, esto es peligroso, es gente mala». Pero cada uno de nosotros es capaz... Oíd bien esto: cada uno de nosotros es capaz de hacer lo mismo que hizo ese hombre o esa mujer que está en la cárcel. Todos tenemos la capacidad de pecar y de hacer lo mismo, de equivocarnos en la vida. No es peor que tú o que yo. La misericordia supera todo muro, toda barrera, y te conduce a buscar siempre el rostro del hombre, de la persona. Y es la misericordia la que cambia el corazón y la vida, que puede regenerar a una persona y permitirle incorporarse de un modo nuevo en la sociedad.

La madre Iglesia enseña a estar cerca de quien está abandonado y muere solo. Es lo que hizo la beata Teresa por las calles de Calcuta; es lo que hicieron y hacen tantos cristianos que no tienen miedo de estrechar la mano a quien está por dejar este mundo. Y también aquí la misericordia da la paz a quien parte y a quien permanece, haciéndonos sentir que Dios es más grande que la muerte, y que permaneciendo en Él incluso la última separación es un «hasta la vista»... Esto lo había entendido bien la beata Teresa. Le decían: «Madre, esto es perder tiempo». Encontraba gente moribunda por la calle, gente a la que empezaban a comer el cuerpo las ratas de la calle, y ella los llevaba a casa para que muriesen limpios, tranquilos, acariciados, en paz. Ella les decía «hasta la vista», a todos estos... Y muchos hombres y mujeres como ella hicieron esto. Y ellos los esperan, allí, en la puerta, para abrirles la puerta del Cielo. Ayudar a la gente a morir bien, en paz.

Así la Iglesia es madre, enseñando a sus hijos las obras de misericordia. Ella aprendió de Jesús este camino, aprendió que esto es lo esencial para la salvación. No basta amar a quien nos ama. Jesús dice que esto lo hacen los paganos. No basta hacer el bien a quien nos hace el bien. Para cambiar el mundo a algo mejor es necesario hacer el bien a quien no es capaz de hacer lo mismo, como hizo el Padre con nosotros, dándonos a Jesús. ¿Cuánto hemos pagado nosotros por nuestra redención? Nada, todo es gratis. Hacer el bien sin esperar algo a cambio. Eso hizo el Padre con nosotros y nosotros debemos hacer lo mismo. Haz el bien y sigue adelante.

Qué hermoso es vivir en la Iglesia, en nuestra madre Iglesia que nos enseña estas cosas que nos ha enseñado Jesús. Damos gracias al Señor, que nos da la gracia de tener como madre a la Iglesia, ella que nos enseña el camino de la misericordia, que es la senda de la vida.

Poner nuestros dones al servicio de la comunidad

Desde los inicios el Señor colmó a la Iglesia con los dones de su Espíritu, haciéndola así cada vez más viva y fecunda con los dones del Espíritu Santo. Entre estos dones se destacan algunos que resultan particularmente preciosos para la edificación y el camino de la comunidad cristiana: se trata de los carismas. En esta catequesis queremos preguntarnos: ¿qué es exactamente un carisma? ¿Cómo podemos reconocerlo y acogerlo? Y sobre todo: el hecho de que en la Iglesia exista una diversidad y una multiplicidad de carismas, ¿se debe mirar en sentido positivo, como algo hermoso, o bien como un problema?

En el lenguaje común, cuando se habla de «carisma», se piensa a menudo en un talento, una habilidad natural. Se dice: «Esta persona tiene un carisma especial para enseñar. Es un talento que tiene». Así, ante una persona particularmente brillante y atrayente, se acostumbra decir: «Es una persona carismática». «¿Qué significa?». «No lo sé, pero es carismática». Y decimos así. No sabemos lo que decimos, pero lo decimos: «Es carismática». En la perspectiva cristiana, sin embargo, el carisma es mucho más que una cualidad personal, que una predisposición de la cual se puede estar dotados: *el carisma es una gracia, un don concedido por Dios Padre, a través de la acción del Espíritu Santo.* Y es un don que se da a alguien no porque sea mejor que los demás o porque se lo haya merecido: es un regalo que Dios le hace para que con la misma gratuidad y el mismo amor lo ponga al servicio de toda la comunidad, para el bien de todos. Hablando de modo un poco humano, se dice así: «Dios da esta cualidad, este carisma a esta persona, pero no para sí, sino para que esté al servicio de toda la comunidad» [...]

Una cosa importante que se debe destacar inmediatamente es el hecho de que *uno no puede comprender por sí solo si tiene un carisma, y cuál es.* Muchas veces hemos escuchado a personas que dicen: «Yo tengo esta cualidad, yo sé cantar muy bien». Y nadie tiene el valor de decir: «Es mejor que te calles, porque nos atormentas a todos cuando cantas». Nadie puede decir: «Yo tengo este carisma». Es en el seno de la comunidad donde brotan y florecen los dones con los cuales nos colma el Padre; y es en el *seno de la comunidad* donde se aprende a reconocerlos como un signo de su amor por todos sus hijos. Cada uno de nosotros, entonces, puede preguntarse: «¿Hay algún carisma que el Señor hizo brotar en mí, en la gracia de su

Espíritu, y que mis hermanos, en la comunidad cristiana, han reconocido y alentado? ¿Y cómo me comporto respecto a este don: lo vivo con generosidad, poniéndolo al servicio de todos, o lo descuido y termino olvidándome de él? ¿O tal vez se convierte en mí en motivo de orgullo, de modo que siempre me lamento de los demás y pretendo que en la comunidad se hagan las cosas a mi modo?». Son preguntas que debemos hacernos: si hay un carisma en mí, si este carisma lo reconoce la Iglesia, si estoy contento con este carisma o tengo un poco de celos de los carismas de los demás, si quería o quiero tener ese carisma. El carisma es un don: ¡sólo Dios lo da!

La experiencia más hermosa, sin embargo, es descubrir con *cuántos carismas distintos* y con cuántos dones de su Espíritu el Padre colma a su Iglesia. Esto no se debe mirar como un motivo de confusión, de malestar: son todos regalos que Dios hace a la comunidad cristiana para que pueda crecer armoniosa, en la fe y en su amor, como un solo cuerpo, el cuerpo de Cristo. El mismo Espíritu que da esta diferencia de carismas, construye la unidad de la Iglesia. Es siempre el mismo Espíritu. Ante esta multiplicidad de carismas, por lo tanto, nuestro corazón debe abrirse a la alegría y debemos pensar: «¡Qué hermosa realidad! Muchos dones diversos, porque todos somos hijos de Dios

y todos somos amados de modo único». Atención, entonces, si estos dones se convierten en motivo de envidia, de
división, de celos. Como lo recuerda el apóstol Pablo en
su Primera Carta a los Corintios, en el capítulo 12, todos
los carismas son importantes ante los ojos de Dios y, al
mismo tiempo, ninguno es insustituible. Esto quiere decir
que en la comunidad cristiana tenemos necesidad unos de
otros, y cada don recibido se realiza plenamente cuando se
comparte con los hermanos, para el bien de todos. ¡Esta
es la Iglesia! Y cuando la Iglesia, en la variedad de sus
carismas, se expresa en la comunión, no puede equivocar-
se: es la belleza y la fuerza del *sensus fidei*, de ese sentido
sobrenatural de la fe, que da el Espíritu Santo a fin de que,
juntos, podamos entrar todos en el corazón del Evangelio
y aprender a seguir a Jesús en nuestra vida.

Escuchar el grito de los pobres

[...] Este encuentro de Movimientos Populares es un
signo, es un gran signo: vinieron a poner en presencia de
Dios, de la Iglesia, de los pueblos, una realidad muchas
veces silenciada. ¡Los pobres no sólo padecen la injusticia
sino que también luchan contra ella!

No se contentan con promesas ilusorias, excusas o coartadas. Tampoco están esperando de brazos cruzados la ayuda de ONGs, planes asistenciales o soluciones que nunca llegan o, si llegan, llegan de tal manera que van en una dirección o de anestesiar o de domesticar. Esto es medio peligroso. Ustedes sienten que los pobres ya no esperan y quieren ser protagonistas, se organizan, estudian, trabajan, reclaman y, sobre todo, practican esa solidaridad tan especial que existe entre los que sufren, entre los pobres, y que nuestra civilización parece haber olvidado, o al menos tiene muchas ganas de olvidar.

Solidaridad es una palabra que no cae bien siempre, yo diría que algunas veces la hemos transformado en una mala palabra, no se puede decir; pero una palabra es mucho más que algunos actos de generosidad esporádicos. Es pensar y actuar en términos de comunidad, de prioridad de vida de todos sobre la apropiación de los bienes por parte de algunos. También es luchar contra las causas estructurales de la pobreza, la desigualdad, la falta de trabajo, la tierra y la vivienda, la negación de los derechos sociales y laborales. Es enfrentar los destructores efectos del Imperio del dinero: los desplazamientos forzados, las emigraciones dolorosas, la trata de personas, la droga, la guerra, la violencia y todas esas realidades que muchos de ustedes sufren y que todos estamos llamados a transformar. La solidaridad, entendida en su sentido más hondo, es un modo de hacer historia, y eso es lo que hacen los movimientos populares.

Este encuentro nuestro no responde a una ideología. Ustedes no trabajan con ideas, trabajan con realidades como las que mencioné y muchas otras que me han contado… tienen los pies en el barro y las manos en la carne. ¡Tienen olor a barrio, a pueblo, a lucha! Queremos que se escuche su voz que, en general, se escucha poco. Tal vez porque molesta, tal vez porque su grito incomoda, tal vez porque se tiene miedo al cambio que ustedes reclaman, pero sin su presencia, sin ir realmente a las periferias, las buenas propuestas y proyectos que a menudo escuchamos en las conferencias internacionales se quedan en el reino de la idea. Ese es mi proyecto.

No se puede abordar el escándalo de la pobreza promoviendo estrategias de contención que únicamente tranquilicen y conviertan a los pobres en seres domesticados e inofensivos. Qué triste ver cuando detrás de supuestas obras altruistas, se reduce al otro a la pasividad, se lo niega o, peor, se esconden negocios y ambiciones personales: Jesús les diría hipócritas. Qué lindo es en cambio cuando vemos en movimiento a pueblos, sobre todo, a sus miembros más pobres y a los jóvenes. Entonces sí se siente el viento de promesa que aviva la ilusión de un mundo mejor. Que ese viento se transforme en vendaval de esperanza. Ese es mi deseo.

Este encuentro nuestro responde a un anhelo muy concreto, algo que cualquier padre, cualquier madre quiere para sus hijos; un anhelo que debería estar al alcance de todos, pero hoy vemos con tristeza cada vez más lejos de la mayoría: tierra, techo y trabajo. Es extraño, pero si hablo de esto para algunos resulta que el Papa es comunista.

No se entiende que el amor a los pobres está en el centro del Evangelio. Tierra, techo y trabajo, eso por lo que ustedes luchan, son derechos sagrados. Reclamar esto no es nada raro, es la doctrina social de la Iglesia. Voy a detenerme un poco en cada uno de ellos porque ustedes los han elegido como consigna para este encuentro.

Tierra. Al inicio de la creación, Dios creó al hombre, custodio de su obra, encargándole que la cultivara y la protegiera. Veo que aquí hay decenas de campesinos y campesinas, y quiero felicitarlos por custodiar la tierra, por cultivarla y por hacerlo en comunidad. Me preocupa la erradicación de tantos hermanos campesinos que sufren el desarraigo, y no por guerras o desastres naturales. El acaparamiento de tierras, la deforestación, la apropiación del agua, los pesticidas inadecuados, son algunos de los males que arrancan al hombre de su tierra natal. Esta dolorosa separación no es sólo física, sino existencial y espiritual, porque hay una relación con la tierra que está poniendo a la comunidad rural y su peculiar modo de vida en notoria decadencia y hasta en riesgo de extinción.

La otra dimensión del proceso ya global es el hambre. Cuando la especulación financiera condiciona el precio de los alimentos tratándolos como a cualquier mercancía, millones de personas sufren y mueren de hambre. Por otra parte, se desechan toneladas de alimentos. Esto constituye un verdadero escándalo. El hambre es criminal, la alimentación es un derecho inalienable. Sé que algunos de ustedes reclaman una reforma agraria para solucionar alguno de estos problemas, y déjenme decirles que en ciertos países, y acá cito el *Compendio de la Doctrina Social de la Iglesia,* "la reforma agraria es, además de una necesidad política, una obligación moral" (CDSI, 300).

No lo digo solo yo, está en el *Compendio de la Doctrina Social de la Iglesia.* Por favor, sigan la lucha por la dignidad de la familia rural, por el agua, por la vida y para que todos puedan beneficiarse de los frutos de la tierra.

Segundo, **Techo.** Lo dije y lo repito: una casa para cada familia. Nunca hay que olvidarse de que Jesús nació en un establo porque en el hospedaje no había lugar, que su familia tuvo que abandonar su hogar y escapar a Egipto, perseguida por Herodes. Hoy hay tantas familias sin vivienda, o bien porque nunca la han tenido o bien porque la han perdido por diferentes motivos. ¡Familia y vivienda van de la mano! Pero, además, un techo, para que sea hogar, tiene una dimensión comunitaria: y es el barrio... y es precisamente en el barrio donde se empieza a construir esa gran familia de la humanidad, desde lo más inmediato, desde la convivencia con los vecinos. Hoy vivimos en inmensas ciudades que se muestran modernas, orgullosas y hasta vanidosas. Ciudades que ofrecen innumerables placeres y bienestar para una minoría feliz... pero se le niega el techo a miles de vecinos y hermanos nuestros, incluso niños, y se los llama, elegantemente, "personas en situación de calle". Es curioso cómo en el mundo de las injusticias abundan los eufemismos. No se dicen las palabras con contundencia, y la realidad se busca en el eufemismo. Una persona, una persona segregada, una persona apartada, una persona que está sufriendo la miseria, el hambre, es una persona en situación de calle: palabra elegante ¿no? Ustedes busquen siempre, quizás me equivoco en alguno, pero en general, detrás de un eufemismo hay un delito.

Vivimos en ciudades que construyen torres, centros comerciales, hacen negocios inmobiliarios... pero abandonan a una parte de sí en las márgenes, las periferias. ¡Cuánto duele escuchar que a los asentamientos pobres se los margina o, peor, se los quiere erradicar! Son crueles las imágenes de los desalojos forzosos, de las niveladoras derribando barracas, imágenes tan parecidas a las de la guerra. Y esto se ve hoy.

Ustedes saben que en las barriadas populares donde muchos de ustedes viven subsisten valores ya olvidados en los centros enriquecidos. Los asentamientos están bendecidos con una rica cultura popular: allí el espacio público no es un mero lugar de tránsito sino una extensión del propio hogar, un lugar donde generar vínculos con los vecinos. ¡Qué hermosas son las ciudades que superan la desconfianza enfermiza e integran a los diferentes y que hacen de esa integración un nuevo factor de desarrollo! Qué lindas son las ciudades que, aun en su diseño arquitectónico, están llenas de espacios que conectan, relacionan, favorecen el reconocimiento del otro. Por eso, ni erradicación ni marginación: ¡hay que seguir en la línea de la integración urbana! Esta palabra debe desplazar totalmente a la palabra erradicación, desde ya, pero también esos proyectos que pretenden barnizar los barrios pobres, adornar las periferias y maquillar las heridas sociales en vez de curarlas promoviendo una integración auténtica y respetuosa. Es una especie de arquitectura de maquillaje ¿no? Y va por ese lado. Sigamos trabajando para que todas las familias tengan una vivienda y para que todos los barrios tengan una infraestructura adecuada: cloacas, luz, gas, asfalto; y sigo: escuelas, hospitales o salas de primeros auxilios, club deportivo y todas las cosas que crean vínculos y que unen, acceso a la salud –lo dije– y a la educación y a la seguridad en la tenencia.

Tercero, Trabajo. No existe peor pobreza material –me urge subrayarlo–, no existe peor pobreza material, que la que no permite ganarse el pan y priva de la dignidad del trabajo. El desempleo juvenil, la informalidad y la falta de derechos laborales no son inevitables, son resultado de una previa opción social, de un sistema económico que pone los beneficios por encima del hombre, si el beneficio es económico, sobre la humanidad o sobre el hombre, son efectos de una cultura del desecho que considera al ser humano en sí mismo como un bien de consumo, que se puede usar y luego tirar.

Hoy, al fenómeno de la explotación y de la opresión se le suma una nueva dimensión, un matiz gráfico y duro de la injusticia social; los que no se pueden integrar, los excluidos, son desechos, "sobrantes". Esta es la cultura de la exclusión, y sobre esto quisiera ampliar algo que no tengo escrito pero se me ocurre recordarlo ahora. Esto sucede cuando en el centro de un sistema económico está el dios dinero y no el hombre, la persona humana. Sí, en el centro de todo sistema social o económico tiene que estar la persona, imagen de Dios, creada para que fuera el dominador del universo. Cuando la persona es desplazada y viene el dios dinero, sucede esta confusión de valores.

Y, para graficar, recuerdo una enseñanza de alrededor del año 1200. Un rabino judío explicaba a sus feligreses la historia de la torre de Babel y entonces contaba cómo, para construir esta torre de Babel, había que hacer mucho esfuerzo, había que fabricar los ladrillos, para fabricar los ladrillos había que hacer el barro y traer la paja, y amasar el barro con la paja, después cortarlo en cuadrados, después hacerlos secar, después cocerlos y, cuando ya estaban cocidos y fríos, subirlos para ir construyendo la torre.

Si se caía un ladrillo, era muy caro el ladrillo con todo este trabajo, si se caía un ladrillo era casi una tragedia nacional. Al que lo dejaba caer lo castigaban o lo suspendían o no sé lo que le hacían, y si caía un obrero no pasaba nada. Esto es cuando la persona está al servicio del dios dinero y esto lo contaba un rabino judío, en el año 1200 explicaba estas cosas horribles.

Y respecto al rechazo, también tenemos que ser un poco atentos a lo que sucede en nuestra sociedad. Estoy repitiendo cosas que he dicho y que están en la *Evangelii Gaudium*. Hoy día, se descartan los chicos porque el nivel de natalidad en muchos países de la tierra ha disminuido, o por no tener alimentación o porque se les mata antes de nacer, rechazo de niños.

Se rechazan los ancianos, porque, bueno, no sirven, no producen, ni chicos ni ancianos producen, entonces con sistemas más o menos sofisticados se les va abandonando lentamente, y ahora, como es necesario en esta crisis recuperar un cierto equilibrio, estamos asistiendo a una tercera exclusión muy dolorosa, la exclusión de los jóvenes. Millones de jóvenes, yo no quiero decir la cifra porque no la sé exactamente y la que leí me parece un poco exagerada, pero millones de jóvenes descartados del trabajo, desocupados.

En los países de Europa, y estas sí son estadísticas muy claras, acá en Italia, pasa un poquitito del 40 por ciento de jóvenes desocupados; ya saben lo que significa 40 por ciento de jóvenes, toda una generación, anular a toda una generación para mantener el equilibrio. En otro país de

Europa está pasando el 50 por ciento, y en ese mismo país del 50 por ciento, en el sur, el 60 por ciento; son cifras claras, de la exclusión. Exclusión de niños, de ancianos, que no producen, y tenemos que sacrificar una generación de jóvenes, exclusión de jóvenes, para poder mantener y reequilibrar un sistema en cuyo centro está el dios dinero y no la persona humana.

Pese a esto, a esta cultura de la exclusión, a esta cultura de los sobrantes, tantos de ustedes, trabajadores excluidos, sobrantes para este sistema, fueron inventando su propio trabajo con todo aquello que parecía no poder dar más de sí mismo... pero ustedes, con su habilidad, que les dio Dios... con su búsqueda, con su solidaridad, con su trabajo comunitario, con su economía popular, lo han logrado y lo están logrando.... Y déjenme decírselo, eso además de trabajo, es poesía. Gracias.

Desde ya, todo trabajador, esté o no esté en el sistema formal del trabajo asalariado, tiene derecho a una remuneración digna, a la seguridad social y a una cobertura de jubilación. Aquí hay cartoneros, recicladores, vendedores ambulantes, costureros, artesanos, pescadores, campesinos, constructores, mineros, obreros de empresas recuperadas, todo tipo de cooperativistas y trabajadores de oficios populares que están excluidos de los derechos laborales, que se les niega la posibilidad de sindicalizarse, que no tienen un ingreso adecuado y estable. Hoy quiero unir mi voz a la suya y acompañarlos en su lucha.

En este Encuentro, también han hablado de la paz y de ecología. Es lógico: no puede haber tierra, no puede haber techo, no puede haber trabajo si no tenemos paz y si destruimos el planeta. Son temas tan importantes que los pueblos y sus organizaciones de base no pueden dejar de debatir. No pueden quedar sólo en manos de los dirigentes políticos. Todos los pueblos de la tierra, todos los hombres y mujeres de buena voluntad, tenemos que alzar la voz en defensa de estos dos preciosos dones: la paz y la naturaleza. La hermana madre tierra como la llamaba san Francisco de Asís.

Hace poco dije, y lo repito, que estamos viviendo la tercera guerra mundial pero en cuotas. Hay sistemas económicos que para sobrevivir deben hacer la guerra. Entonces se fabrican y se venden armas, y con eso los balances de las economías que sacrifican al hombre a los pies del ídolo del dinero obviamente quedan saneados. Y no se piensa en los niños hambrientos en los campos de refugiados, no se piensa en los desplazamientos forzosos, no se piensa en las viviendas destruidas, no se piensa, desde ya, en tantas vidas segadas. Cuánto sufrimiento, cuánta destrucción, cuánto dolor. Hoy, queridos hermanas y hermanos, se levanta en todas las partes de la tierra, en todos los pueblos, en cada corazón y en los movimientos populares, el grito de la paz: ¡nunca más la guerra!

Un sistema económico centrado en el dios dinero necesita también saquear la naturaleza, saquear la naturaleza para sostener el ritmo frenético de consumo que le es inherente. El cambio climático, la pérdida de la biodiversidad, la deforestación ya están mostrando sus efectos devastadores en los grandes cataclismos que vemos, y los que más sufren son ustedes, los humildes, los que viven cerca de las costas en viviendas precarias o que son tan vulnerables económicamente que frente a un desastre natural lo pierden todo. Hermanos y hermanas: la creación no es una propiedad de la cual podemos disponer a nuestro gusto; ni mucho menos, es una propiedad sólo de algunos, de pocos: la creación es un don, es un regalo, un don maravilloso que Dios nos ha dado para que cuidemos de él y lo utilicemos en beneficio de todos, siempre con respeto y gratitud [...].

Hablamos de la tierra, de trabajo, de techo... hablamos de trabajar por la paz y cuidar la naturaleza... Pero ¿por qué en vez de eso nos acostumbramos a ver cómo se destruye el trabajo digno, se desahucia a tantas familias, se expulsa a los campesinos, se hace la guerra y se abusa de la naturaleza? Porque en este sistema se ha sacado al hombre, a la persona humana, del centro y se lo ha reemplazado por otra cosa. Porque se rinde un culto idolátrico al dinero. ¡Porque se ha globalizado la indiferencia! Se ha globalizado la indiferencia: a mí, ¿qué me importa lo que les pasa a otros mientras yo defienda lo mío? Porque el mundo se ha olvidado de Dios, que es Padre; se ha vuelto huérfano porque dejó a Dios de lado.

Algunos de ustedes expresaron: este sistema ya no se aguanta. Tenemos que cambiarlo, tenemos que volver a llevar la dignidad humana al centro y que sobre ese pilar se construyan las estructuras sociales alternativas que necesitamos. Hay que hacerlo con coraje, pero también con inteligencia. Con tenacidad, pero sin fanatismo. Con pasión, pero sin violencia. Y entre todos, enfrentando los conflictos sin quedar atrapados en ellos, buscando siempre resolver las tensiones para alcanzar un plano superior de unidad, de paz y de justicia. Los cristianos tenemos algo muy lindo, una guía de acción, un programa, podríamos decir, revolucionario. Les recomiendo vivamente que lo lean, que lean las bienaventuranzas que están en el capítulo 5 de San Mateo y 6 de San Lucas, (cfr. Mt 5, 3 y Lc 6, 20) y que lean el pasaje de Mateo 25. Se lo dije a los jóvenes en Río de Janeiro, con esas dos cosas tienen el programa de acción.

Sé que entre ustedes hay personas de distintas religiones, oficios, ideas, culturas, países, continentes. Hoy están practicando aquí la cultura del encuentro, tan distinta a la xenofobia, la discriminación y la intolerancia que tantas veces vemos. Entre los excluidos se da ese encuentro de culturas donde el conjunto no anula la particularidad, el conjunto no anula la particularidad. Por eso a mí me gusta la imagen del poliedro, una figura geométrica con muchas caras distintas. El poliedro refleja la confluencia de todas las parcialidades que en él conservan la originalidad. Nada se disuelve, nada se destruye, nada se domina, todo se integra, todo se integra. Hoy también están buscando esa síntesis entre lo local y lo global. Sé que trabajan día tras día en lo cercano, en lo concreto, en su territorio, su barrio, su lugar de trabajo: los invito también a continuar buscando esa perspectiva más amplia, que nuestros sueños vuelen alto y abarquen el todo.

De ahí que me parece importante esa propuesta que algunos me han compartido de que estos movimientos, estas experiencias de solidaridad que crecen desde abajo, desde el subsuelo del planeta, confluyan, estén más coordinadas, se vayan encontrando, como lo han hecho ustedes en estos días. Atención, nunca es bueno encorsetar el movimiento en estructuras rígidas, por eso dije encontrarse, mucho menos es bueno intentar absorberlo, dirigirlo o dominarlo; los movimientos libres tienen su dinámica propia, pero sí, debemos intentar caminar juntos. Estamos en este salón, que es el salón del Sínodo viejo, ahora hay uno nuevo, y sínodo quiere decir precisamente "caminar juntos": que este sea un símbolo del proceso que ustedes han iniciado y que están llevando adelante.

Los movimientos populares expresan la necesidad urgente de revitalizar nuestras democracias, tantas veces secuestradas por innumerables factores. Es imposible imaginar un futuro para la sociedad sin la participación protagónica de las grandes mayorías, y ese protagonismo excede los procedimientos lógicos de la democracia formal. La perspectiva de un mundo de paz y justicia duraderas nos reclama superar el asistencialismo paternalista, nos exige crear nuevas formas de participación que incluya a los movimientos populares y anime las estructuras de gobierno locales, nacionales e internacionales con ese torrente de energía moral que surge de la incorporación de los excluidos en la construcción del destino común. Y esto con ánimo constructivo, sin resentimiento, con amor.

Yo los acompaño de corazón en ese camino. Digamos juntos desde el corazón: ninguna familia sin vivienda, ningún campesino sin tierra, ningún trabajador sin derechos, ninguna persona sin la dignidad que da el trabajo [...]

El reto de la familia

Como pastores cercanos a vuestro pueblo y atentos a las exigencias de la gente, conocéis bien la complejidad de los escenarios y la importancia de los desafíos que también debe afrontar la misión de la Iglesia en Europa. Como escribí en la exhortación apostólica *Evangelii gaudium*, estamos llamados a ser una Iglesia «en salida», en movimiento desde el centro hacia la periferia, para salir al encuentro de todos, sin miedo, sin desconfianza y con valentía apostólica (cf. n. 20) ¡Cuántos hermanos y hermanas, cuántas situaciones, cuántos contextos, incluso los más difíciles, tienen necesidad de la luz del Evangelio!

Quiero agradeceros, queridos hermanos, el compromiso con el que habéis acogido este texto. Sé que este documento es cada vez más objeto de amplia reflexión pastoral y estímulo para caminos de fe y evangelización de tantas parroquias, comunidades y grupos. También este es un signo de comunión y unidad de la Iglesia.

El tema de vuestra plenaria, «Familia y futuro de Europa», constituye una ocasión importante para reflexionar juntos sobre cómo valorizar a la familia en cuanto recurso inestimable para la renovación pastoral. Me parece importante que pastores y familias trabajen juntos, con espíritu de humildad y diálogo sincero, para que las comunidades parroquiales lleguen a ser «familia de familias». En este ámbito, dentro de vuestras respectivas Iglesias locales han florecido interesantes experiencias que merecen la atención necesaria y acrecentar una fructífera colaboración. Novios que viven seriamente la preparación para el matrimonio; parejas de esposos que acogen a hijos de otros de modo transitorio o en adopción; grupos de familias que en la parroquia o en los movimientos se ayudan en el camino de la vida y de la fe. No faltan diferentes experiencias pastorales de la familia y de compromiso político y social en apoyo de las familias, ya sea de las que viven una vida matrimonial ordinaria, ya sea de las que viven afectadas por problemas o rupturas. Es importante captar estas experiencias significativas presentes en los diversos ámbitos de la vida de los hombres y las mujeres de nuestro tiempo, acerca de los cuales hay que realizar un discernimiento oportuno para después «ponerlos en la red», implicando así a otras comunidades diocesanas.

La colaboración entre pastores y familias también se extiende al campo de la educación. Por sí misma la familia que ya cumple bien su misión con sus miembros es una escuela de humanidad, de fraternidad, de amor, de comunión, que prepara a ciudadanos maduros y responsables. Una colaboración abierta entre realidad eclesial y familia favorecerá la maduración de un espíritu de justicia, de solidaridad, de paz y también de valentía en las propias convicciones. Se trata de apoyar a los padres en su responsabilidad de educar a los hijos, salvaguardando su derecho imprescindible de dar a sus hijos la educación que consideren más idónea. En efecto, los padres siguen siendo los primeros y principales educadores de sus hijos, por tanto, tienen el derecho de educarlos en conformidad con sus convicciones morales y religiosas. Al respecto, se podrán delinear directrices pastorales comunes y coordinadas que habrá que poner en práctica para promover y apoyar positivamente a las escuelas católicas.

Por una cultura del matrimonio

Quisiera ante todo compartir una reflexión sobre el título de vuestro coloquio. «Complementariedad»: es una palabra preciosa, con múltiples matices. Se puede referir a diversas situaciones en las que un elemento completa al otro o lo suple en una de sus carencias. Sin embargo, complementariedad es mucho más que esto. Los cristianos encuentran su significado en la Primera Carta de san Pablo a los Corintios, donde el apóstol dice que el Espíritu ha dado a cada uno dones diversos de modo que, como los miembros del cuerpo humano se complementan para el bien de todo el organismo, los dones de cada uno contribuyan al bien de todos (cf. 1 Cor 12). Reflexionar sobre la complementariedad no es más que meditar sobre las armonías dinámicas que están en el centro de toda la Creación. Esta es la palabra clave: armonía. El Creador hizo todas las complementariedades para que el Espíritu Santo, que es el autor de la armonía, construya esta armonía.

Oportunamente os habéis reunido en este coloquio internacional para profundizar el tema de la complementariedad entre hombre y mujer. En efecto, esta complementariedad está en la base del matrimonio y de la familia, que es la primera escuela donde aprendemos a apreciar nuestros dones y los de los demás y donde comenzamos a aprender el arte de vivir juntos. Para la mayor parte de nosotros, la familia constituye el sitio principal donde comenzamos a «respirar» valores e ideales, así como a realizar nuestro potencial de virtud y de caridad. Al mismo tiempo, como sabemos, las familias son lugar de tensiones: entre egoísmo y altruismo, entre razón y pasión, entre deseos inmediatos y objetivos a largo plazo, etc. Pero las familias proveen también el ámbito en donde se resuelven tales tensiones, y esto es importante. Cuando hablamos de complementariedad entre hombre y mujer en este contexto, no debemos confundir tal término con la idea superficial de que todos los papeles y las relaciones de ambos sexos están encerrados en un modelo único y estático. La complementariedad asume muchas formas, porque cada hombre y cada mujer da su propia aportación personal al matrimonio y a la educación de los hijos. La propia riqueza personal, el propio carisma personal, y la complementariedad se convierte así en una gran riqueza. Y no sólo es un bien, sino que es también belleza.

En nuestra época el matrimonio y la familia están en crisis. Vivimos en una cultura de lo provisional, en la que cada vez más personas renuncian al matrimonio como compromiso público. Esta revolución en las costumbres y en la moral ha ondeado con frecuencia la «bandera de la libertad», pero en realidad ha traído devastación espiritual y material a innumerables seres humanos, especialmente a los más vulnerables. Es cada vez más evidente que la decadencia de la cultura del matrimonio está asociada a un aumento de pobreza y a una serie de otros numerosos problemas sociales que azotan de forma desproporcionada a las mujeres, los niños y los ancianos. Y son siempre ellos quienes sufren más en esta crisis.

La crisis de la familia dio origen a una crisis de ecología humana, porque los ambientes sociales, como los ambientes naturales, necesitan ser protegidos. Incluso si la humanidad ahora ha comprendido la necesidad de afrontar lo que constituye una amenaza para nuestros ambientes naturales, somos lentos —somos lentos en nuestra cultura, también en nuestra cultura católica—, somos lentos en reconocer que también nuestros ambientes sociales están en peligro. Es indispensable, por lo tanto, promover una nueva ecología humana y hacerla ir hacia adelante.

Hay que insistir en los pilares fundamentales que rigen una nación: sus bienes inmateriales. La familia sigue siendo la base de la convivencia y la garantía contra la desintegración social. Los niños tienen el derecho de crecer en una familia, con un papá y una mamá, capaces de

crear un ambiente idóneo para su desarrollo y su maduración afectiva. Por esa razón, en la exhortación apostólica
Evangelii gaudium, he puesto el acento en la aportación
«indispensable» del matrimonio a la sociedad, aportación
que «supera el nivel de la emotividad y el de las necesidades circunstanciales de la pareja» (n. 66). Es por ello
que os agradezco el énfasis puesto por vuestro coloquio
en los beneficios que el matrimonio puede dar a los hijos,
a los esposos mismos y a la sociedad.

En estos días, mientras reflexionáis sobre la complementariedad entre hombre y mujer, os exhorto a poner de
relieve otra verdad referida al matrimonio: que el compromiso definitivo respecto a la solidaridad, la fidelidad y
el amor fecundo responde a los deseos más profundos del
corazón humano. Pensemos sobre todo en los jóvenes que
representan el futuro: es importante que ellos no se dejen
envolver por la mentalidad perjudicial de lo provisional
y sean revolucionarios por la valentía de buscar un amor
fuerte y duradero, es decir, de ir a contracorriente: esto se
debe hacer. Sobre esto quisiera decir una cosa: no debemos caer en la trampa de ser calificados con conceptos
ideológicos. La familia es una realidad antropológica y,
en consecuencia, una realidad social, de cultura, etc. No
podemos calificarla con conceptos de naturaleza ideoló-

gica, que tienen fuerza sólo en un momento de la historia y después decaen. No se puede hablar hoy de familia conservadora o familia progresista: la familia es familia. No os dejéis calificar por este o por otros conceptos de naturaleza ideológica. La familia tiene una fuerza en sí misma [...].

V

LA CRUZ Y LA RESURECCIÓN
DE JESÚS

Se entregó por mí

Con el Domingo de Ramos inicia la Semana Santa
—centro de todo el año litúrgico— en la que acompañamos
a Jesús en su Pasión, Muerte y Resurrección.
¿Qué quiere decir para nosotros vivir la Semana Santa?
¿Qué significa seguir a Jesús en su camino al Calvario
hacia la Cruz y la Resurrección? En su misión terrena,
Jesús recorrió los caminos de Tierra Santa; llamó a doce
personas sencillas para que permanecieran con Él, com-
partieran su camino y continuaran su misión. Las eligió
entre el pueblo lleno de fe en las promesas de Dios. Habló
a todos, sin distinción; a los grandes y a los humildes,
al joven rico y a la viuda pobre, a los poderosos y a los
débiles; trajo la misericordia y el perdón de Dios; curó,

consoló, comprendió; dio esperanza; trajo para todos la presencia de Dios que se interesa por cada hombre y por cada mujer, como hace un buen padre y una buena madre hacia cada uno de sus hijos. Dios no esperó que fuéramos a Él, sino que Él se puso en movimiento hacia nosotros, sin cálculos, sin medida. Dios es así: él da siempre el primer paso, Él se mueve hacia nosotros. Jesús vivió las realidades cotidianas de la gente más sencilla: se conmovió ante la multitud que parecía un rebaño sin pastor; lloró ante el sufrimiento de Marta y María por la muerte del hermano Lázaro; llamó a un publicano como discípulo suyo; sufrió también la traición de un amigo. En Él, Dios nos dio la certeza de que está con nosotros, en medio de nosotros. «Las zorras —dijo Él, Jesús—, las zorras tienen madrigueras y los pájaros nidos, pero el Hijo del hombre no tiene donde reclinar la cabeza» (Mt 8, 20). Jesús no tiene casa porque su casa es la gente, somos nosotros, su misión es abrir a todos las puertas de Dios, ser la presencia de amor de Dios.

En la Semana Santa vivimos el vértice de este camino, de este designio de amor que recorre toda la historia de las relaciones entre Dios y la humanidad. Jesús entra en Jerusalén para dar el último paso, en el que resume toda su existencia: se entrega totalmente, no se queda nada, ni siquiera la vida. En la Última Cena, con sus amigos, comparte el pan y distribuye el cáliz «para nosotros». El Hijo de Dios se ofrece a nosotros, entrega en nuestras manos su Cuerpo y su Sangre para estar siempre con nosotros, para habitar en medio de nosotros. En el Huerto de los Olivos, como en el proceso ante Pilatos, no opone resistencia, se entrega; es el Siervo sufriente anunciado por Isaías que se despoja a sí mismo hasta la muerte (cf. Is 53, 12).

Jesús no vive este amor que conduce al sacrificio de modo pasivo o como un destino fatal; ciertamente no esconde su profunda turbación humana ante la muerte violenta, sino que se entrega con plena confianza al Padre. Jesús se entregó voluntariamente a la muerte para corresponder al amor de Dios Padre, en perfecta unión con su voluntad, para demostrar su amor por nosotros. En la Cruz, Jesús «me amó y se entregó por mí» (Ga 2, 20). Cada uno de nosotros puede decir: Me amó y se entregó por mí. Cada uno puede decir esto: «por mí».

¿Qué significa todo esto para nosotros? Significa que este es también mi camino, el tuyo, el nuestro. Vivir la Semana Santa siguiendo a Jesús no sólo con la emoción del corazón; vivir la Semana Santa siguiendo a Jesús quiere decir aprender a salir de nosotros mismos —como dije el domingo pasado— para ir al encuentro de los demás, para ir hacia las periferias de la existencia, movernos nosotros en primer lugar hacia nuestros hermanos y nuestras hermanas, sobre todo aquellos más lejanos, aquellos que son olvidados, que tienen más necesidad de comprensión, de consolación, de ayuda. ¡Hay tanta necesidad de llevar la presencia viva de Jesús misericordioso y rico de amor!

Vivir la Semana Santa es entrar cada vez más en la lógica de Dios, en la lógica de la Cruz, que no es ante todo aquella del dolor y de la muerte, sino la del amor y del don de sí que trae vida. Es entrar en la lógica del Evangelio. Seguir, acompañar a Cristo, permanecer con Él exige un «salir», salir. Salir de sí mismos, de un modo de vivir la fe cansado y rutinario, de la tentación de encerrarse en los propios esquemas que terminan por cerrar el horizonte de la acción creativa de Dios. Dios salió de sí mismo para venir en medio de nosotros, puso su tienda entre nosotros para traernos su misericordia que salva y da esperanza. También nosotros, si queremos seguirle y permanecer con Él, no debemos contentarnos con permanecer en el recinto de las noventa y nueve ovejas, debemos «salir», buscar con Él a la oveja perdida, aquella más alejada. Recordad bien: salir de nosotros, como Jesús, como Dios salió de sí mismo en Jesús y Jesús salió de sí mismo por todos nosotros.

Alguno podría decirme: «Pero, padre, no tengo tiempo», «tengo tantas cosas que hacer», «es difícil», «¿qué puedo hacer yo con mis pocas fuerzas, incluso con mi pecado, con tantas cosas?». A menudo nos contentamos con alguna oración, una misa dominical distraída y no constante, algún gesto de caridad, pero no tenemos esta valentía de «salir» para llevar a Cristo. Somos un poco como san Pedro. En cuanto Jesús habla de pasión, muerte y resurrección, de entrega de sí, de amor hacia todos, el Apóstol le lleva aparte y le reprende. Lo que dice Jesús altera sus planes, parece inaceptable, pone en dificultad las seguridades que se había construido, su idea de Mesías. Y Jesús mira a sus discípulos y dirige a Pedro tal vez una de las palabras más duras de los Evangelios: «¡Aléjate de mí, Satanás! ¡Tú piensas como los hombres, no como Dios!» (Mc 8, 33). Dios piensa siempre con misericordia: no olvidéis esto. Dios piensa siempre con misericordia: ¡es el Padre misericordioso! Dios piensa como el padre que espera el regreso del hijo y va a su encuentro, lo ve venir cuando todavía está lejos… ¿Qué significa esto? Que todos los días iba a ver si el hijo volvía a casa: este es nuestro Padre misericordioso. Es el signo de que lo esperaba de corazón en la terraza de su casa. Dios piensa como el samaritano que no pasa cerca del desventurado compadeciéndose o mirando hacia otro lado, sino socorriéndole sin pedir nada a cambio; sin preguntar si era judío, si era pagano, si era samaritano, si era rico, si era pobre: no pregunta nada. No pregunta estas cosas, no pide nada. Va en su ayuda: así es Dios. Dios piensa como el pastor que da su vida para defender y salvar a las ovejas.

La Semana Santa es un tiempo de gracia que el Señor nos brinda para abrir las puertas de nuestro corazón, de nuestra vida, de nuestras parroquias –¡qué pena, tantas parroquias cerradas!–, de los movimientos, de las asociaciones, y «salir» al encuentro de los demás, hacernos nosotros cercanos para llevar la luz y la alegría de nuestra fe. ¡Salir siempre! Y esto con amor y con la ternura de Dios, con respeto y paciencia, sabiendo que nosotros ponemos nuestras manos, nuestros pies, nuestro corazón, pero luego es Dios quien los guía y hace fecunda cada una de nuestras acciones.

Aprender a amar la Cruz

Jesús entra en Jerusalén. La muchedumbre de los discípulos lo acompaña festivamente, se extienden los mantos ante él, se habla de los prodigios que ha hecho, se eleva un grito de alabanza: «¡Bendito el que viene como rey, en nombre del Señor! Paz en el cielo y gloria en lo alto» (Lc 19,38).

Gentío, fiesta, alabanza, bendición, paz. Se respira un clima de alegría. Jesús ha despertado en el corazón tantas esperanzas, sobre todo entre la gente humilde, simple, pobre, olvidada, esa que no cuenta a los ojos del mundo. Él ha sabido comprender las miserias humanas, ha mostrado el rostro de misericordia de Dios y se ha inclinado para curar el cuerpo y el alma.

Este es Jesús. Este es su corazón atento a todos nosotros, que ve nuestras debilidades, nuestros pecados. El amor de Jesús es grande. Y, así, entra en Jerusalén con este amor y nos mira a todos nosotros. Es una bella escena, llena de luz –la luz del amor de Jesús, de su corazón–, de alegría, de fiesta.

Al comienzo de la Misa, también nosotros la hemos repetido. Hemos agitado nuestras palmas. También nosotros hemos acogido al Señor; también nosotros hemos expresado la alegría de acompañarlo, de saber que nos es cercano, presente en nosotros y en medio de nosotros como un amigo, como un hermano, también como rey, es decir, como faro luminoso de nuestra vida. Jesús es Dios, pero ha bajado a caminar con nosotros. Es nuestro amigo, nuestro hermano. El que nos ilumina en nuestro camino. Y así lo hemos acogido hoy. Y esta es la primera palabra que quisiera deciros: ¡alegría!

No seáis nunca hombres y mujeres tristes: ¡un cristiano jamás puede serlo! ¡Nunca os dejéis vencer por el desánimo! Nuestra alegría no es algo que nace de tener tantas cosas, sino de haber encontrado a una persona, Jesús; que está entre nosotros; nace del saber que, con él, nunca estamos solos, incluso en los momentos difíciles, aun cuando el camino de la vida tropieza con problemas y obstáculos que parecen insuperables, y ¡hay tantos! Y en este momento viene el enemigo, viene el diablo, tantas veces disfrazado de ángel, e insidiosamente nos dice su palabra. No le escuchéis. Sigamos a Jesús. Nosotros acompañamos, seguimos a Jesús, pero sobre todo sabemos que él nos acompaña y nos carga sobre sus hombros: en esto reside nuestra alegría, la esperanza que hemos de llevar en este mundo nuestro. Y, por favor, no os dejéis robar la esperanza, no dejéis robar la esperanza. Esa que nos da Jesús.

Segunda palabra: ¿Por qué Jesús entra en Jerusalén? O, tal vez mejor, ¿cómo entra Jesús en Jerusalén? La multitud lo aclama como rey. Y él no se opone, no la hace callar (cf. Lc 19,39-40). Pero, ¿qué tipo de rey es Jesús?

Mirémoslo: montado en un pollino, no tiene una corte que lo sigue, no está rodeado por un ejército, símbolo de fuerza. Quien lo acoge es gente humilde, sencilla, que tiene el sentido de ver en Jesús algo más; tiene ese sentido de la fe, que dice: Este es el Salvador. Jesús no entra en la Ciudad Santa para recibir los honores reservados a los reyes de la tierra, a quien tiene poder, a quien domina; entra para ser azotado, insultado y ultrajado, como anuncia Isaías en la Primera Lectura (cf. Is 50,6); entra para recibir una corona de espinas, una caña, un manto de púrpura: su realeza será objeto de burla; entra para subir al Calvario cargando un madero. Y, entonces, he aquí la segunda palabra: Cruz.

Jesús entra en Jerusalén para morir en la Cruz. Y es precisamente aquí donde resplandece su ser rey según Dios: ¡su trono regio es el madero de la Cruz! Pienso en lo que decía Benedicto XVI a los cardenales: Vosotros sois príncipes, pero de un rey crucificado. Ese es el trono de Jesús. Jesús toma sobre sí... ¿Por qué la Cruz? Porque Jesús toma sobre sí el mal, la suciedad, el pecado del mundo, también el nuestro, el de todos nosotros, y lo lava, lo lava con su sangre, con la misericordia, con el amor de Dios. Miremos a nuestro alrededor: ¡cuántas heridas inflige el mal a la humanidad! Guerras, violencia, conflictos económicos que se abaten sobre los más débiles, la sed de dinero, que nadie puede llevárselo consigo, lo debe dejar. Mi abuela nos decía a los niños: El sudario no tiene bolsillos. Amor al dinero, al poder, la corrupción, las divisiones, los crímenes contra la vida humana y contra la creación. Y también –cada uno lo sabe y lo conoce– nuestros pecados personales: las faltas de amor y de respeto a Dios, al prójimo y a toda la creación. Y Jesús en la Cruz siente todo el peso del mal y con la fuerza del amor de Dios lo vence, lo derrota en su resurrección. Este es el bien que Jesús nos hace a todos en el trono de la Cruz. La Cruz de Cristo, abrazada con amor, nunca conduce a la tristeza, sino a la alegría, a la alegría de ser salvados y de hacer un poquito eso que ha hecho Él aquel día de su muerte.

Hoy están en esta plaza tantos jóvenes: desde hace 28 años, el Domingo de Ramos es la Jornada de la Juventud. Y esta es la tercera palabra: jóvenes. Queridos jóvenes, os he visto en la procesión cuando entrabais; os imagino haciendo fiesta en torno a Jesús, agitando ramos de olivo; os imagino mientras aclamáis su nombre y expresáis la alegría de estar con él. Vosotros tenéis una parte importante en la celebración de la fe. Nos traéis la alegría de la fe y nos decís que tenemos que vivir la fe con un corazón joven, siempre: un corazón joven incluso a los setenta, ochenta años. Corazón joven. Con Cristo el corazón nunca envejece. Pero todos sabemos, y vosotros lo sabéis bien, que el Rey a quien seguimos y nos acompaña es un Rey muy especial: es un Rey que ama hasta la Cruz y que nos enseña a servir, a amar. Y vosotros no os avergonzáis de su Cruz. Más aún, la abrazáis porque habéis comprendido que la verdadera alegría está en el don de sí mismo, en el don de sí, en salir de uno mismo, y en que él ha triunfado sobre el mal con el amor de Dios. Lleváis la Cruz peregrina a través de todos los continentes, por las vías del mundo. La lleváis respondiendo a la invitación de Jesús: «Id y haced discípulos de todos los pueblos» (Mt 28,19).

Juntos en el dolor y en el amor

Queremos acompañar a Jesús a lo largo de su camino de dolor y de amor, el camino de la Cruz […] Me gustaría que resonasen en sus corazones tres preguntas: ¿Qué han dejado ustedes en la Cruz, queridos jóvenes de Brasil, en estos dos años en los que ha recorrido su inmenso país? Y ¿qué ha dejado la Cruz en cada uno de ustedes? Y, finalmente, ¿qué nos enseña para nuestra vida esta Cruz?

Una antigua tradición de la Iglesia de Roma cuenta que el apóstol Pedro, saliendo de la ciudad para escapar de la persecución de Nerón, vio que Jesús caminaba en dirección contraria y enseguida le preguntó: «Señor, ¿adónde vas?». La respuesta de Jesús fue: «Voy a Roma para ser crucificado de nuevo». En aquel momento, Pedro comprendió que tenía que seguir al Señor con valentía, hasta el final, pero entendió sobre todo que nunca estaba solo en el camino; con él estaba siempre aquel Jesús que lo había amado hasta morir. Miren, Jesús con su Cruz recorre nuestras calles y carga nuestros miedos, nuestros problemas, nuestros sufrimientos, también los más profundos. Con la Cruz, Jesús se une al silencio de las víctimas de la violencia, que ya no pueden gritar, sobre todo los inocentes y los indefensos; con la Cruz, Jesús se une a las familias que se encuentran en dificultad, y que lloran la trágica pérdida de sus hijos, como en el caso de los doscientos cuarenta y dos jóvenes víctimas del incendio en la ciudad de Santa María.

Con la Cruz Jesús se une a todas las personas que sufren hambre, en un mundo que, por otro lado, se permite el lujo de tirar cada día toneladas de alimentos. Con la Cruz, Jesús está junto a tantas madres y padres que sufren al ver a sus hijos víctimas de paraísos artificiales, como la droga. Con la Cruz, Jesús se une a quien es perseguido por su religión, por sus ideas, o simplemente por el color de su piel; en la Cruz, Jesús está junto a tantos jóvenes que han perdido su confianza en las instituciones políticas porque ven el egoísmo y corrupción, o que han perdido su fe en la Iglesia, e incluso en Dios, por la incoherencia de los cristianos y de los ministros del Evangelio. Cuánto hacen sufrir a Jesús nuestras incoherencias. En la Cruz de Cristo está el sufrimiento, el pecado del hombre, también el nuestro, y Él acoge todo con los brazos abiertos, carga sobre su espalda nuestras cruces y nos dice: ¡Ánimo! No la lleváis vos solo. Yo la llevo con vos y yo he vencido a la muerte y he venido a darte esperanza, a darte vida (cf. Jn 3,16).

Podemos ahora responder a la segunda pregunta: ¿Qué ha dejado la Cruz en los que la han visto y en los que la han tocado? ¿Qué deja en cada uno de nosotros? Miren, deja un bien que nadie nos puede dar: la certeza del amor fiel de Dios por nosotros. Un amor tan grande que entra en nuestro pecado y lo perdona, entra en nuestro sufrimiento y nos da fuerza para sobrellevarlo, entra también en la muerte para vencerla y salvarnos. En la Cruz de Cristo está todo el amor de Dios, está su inmensa misericordia. Y es un amor del que podemos fiarnos, en el que podemos creer. Queridos jóvenes, fiémonos de Jesús, confiemos en Él (cf. *Lumen fidei*, 16). Porque Él nunca defrauda a nadie. Sólo en Cristo muerto y resucitado encontramos la salvación y redención. Con Él, el mal, el sufrimiento y la muerte no tienen la última palabra, porque Él nos da esperanza y vida: ha transformado la Cruz de ser un instrumento de odio y de derrota y de muerte en un signo de amor, de victoria, de triunfo y de vida.

El primer nombre de Brasil fue precisamente «Terra de Santa Cruz». La Cruz de Cristo fue plantada no sólo en la playa hace más de cinco siglos, sino también en la historia, en el corazón y en la vida del pueblo brasileño y en muchos otros pueblos. A Cristo que sufre lo sentimos cercano, uno de nosotros que comparte nuestro camino hasta el final. No hay en nuestra vida cruz, por pequeña o grande que sea, que el Señor no comparta con nosotros.

Pero la Cruz invita también a dejarnos contagiar por este amor, nos enseña así a mirar siempre al otro con misericordia y amor, sobre todo a quien sufre, a quien tiene necesidad de ayuda, a quien espera una palabra, un gesto. La Cruz nos invita a salir de nosotros mismos para ir al encuentro de ellos y tenderles la mano. Muchos rostros, lo hemos visto en el Viacrucis, muchos rostros acompañaron a Jesús en el camino al Calvario: Pilatos, el Cireneo, María, las mujeres... Yo te pregunto hoy a vos: Vos, ¿como quien quieres ser? ¿Quieres ser como Pilatos, que no tiene la valentía de ir a contracorriente, para salvar la vida de Jesús, y se lava las manos? Decidme: Ustedes, ¿son de los que se lavan las manos, se hacen los distraídos y miran para otro lado, o son como el Cireneo, que ayuda a Jesús a llevar aquel madero pesado, como María y las otras mujeres, que no tienen miedo de acompañar a Jesús hasta el final, con amor, con ternura? Y vos ¿como cuál de ellos quieres ser? ¿Como Pilatos, como el Cireneo, como María? Jesús te está mirando ahora y te dice: ¿Me quieres ayudar a llevar la Cruz? Hermano y hermana, con toda tu fuerza de joven, ¿qué le contestas?

Queridos jóvenes, llevemos nuestras alegrías, nuestros sufrimientos, nuestros fracasos a la Cruz de Cristo; encontraremos un Corazón abierto que nos comprende, nos perdona, nos ama y nos pide llevar este mismo amor a nuestra vida, amar a cada hermano o hermana nuestro con ese mismo amor.

Delante del Señor que sufre

"Salió y se fue [...] al monte de los Olivos, y lo siguieron los discípulos" (*Lc* 22,39).

Cuando llegó la hora señalada por Dios para salvar a la humanidad de la esclavitud del pecado, Jesús se retiró aquí, a Getsemaní, a los pies del monte de los Olivos. Nos encontramos en este lugar santo, santificado por la oración de Jesús, por su angustia, por su sudor de sangre; santificado sobre todo por su "sí" a la voluntad de amor del Padre. Sentimos casi temor de acercarnos a los sentimientos que Jesús experimentó en aquella hora; entramos de puntillas en aquel espacio interior donde se decidió el drama del mundo.

En aquella hora, Jesús sintió la necesidad de rezar y de tener junto a sí a sus discípulos, a sus amigos, que lo habían seguido y habían compartido más de cerca su misión. Pero aquí, en Getsemaní, el seguimiento se hace difícil e incierto; se hace sentir la duda, el cansancio y el terror. En el frenético desarrollo de la pasión de Jesús, los discípulos tomarán diversas actitudes en relación a su Maestro: actitudes de acercamiento, de alejamiento, de incertidumbre.

Nos hará bien a todos nosotros, obispos, sacerdotes, personas consagradas, seminaristas, preguntarnos en este lugar: ¿quién soy yo ante mi Señor que sufre?

¿Soy de los que, invitados por Jesús a velar con él, se duermen y, en lugar de rezar, tratan de evadirse cerrando los ojos a la realidad?

¿O me identifico con aquellos que huyeron por miedo, abandonando al Maestro en la hora más trágica de su vida terrena?

¿Descubro en mí la doblez, la falsedad de aquel que lo vendió por treinta monedas, que, habiendo sido llamado amigo, traicionó a Jesús?

¿Me identifico con los que fueron débiles y lo negaron, como Pedro? Poco antes, había prometido a Jesús que lo seguiría hasta la muerte (cf. Lc 22,33); después, acorralado y presa del pánico, jura que no lo conoce.

¿Me parezco a aquellos que ya estaban organizando su vida sin Él, como los dos discípulos de Emaús, necios y torpes de corazón para creer en las palabras de los profetas (cf. Lc 24,25)?

O bien, gracias a Dios, ¿me encuentro entre aquellos que fueron fieles hasta el final, como la Virgen María y el apóstol Juan? Cuando sobre el Gólgota todo se hace oscuridad y toda esperanza parece apagarse, sólo el amor es más fuerte que la muerte. El amor de la Madre y del discípulo amado los lleva a permanecer a los pies de la cruz, para compartir hasta el final el dolor de Jesús.

¿Me identifico con aquellos que han imitado a su Maestro hasta el martirio, dando testimonio de hasta qué punto Él lo era todo para ellos, la fuerza incomparable de su misión y el horizonte último de su vida?

La amistad de Jesús con nosotros, su fidelidad y su misericordia son el don inestimable que nos anima a continuar

con confianza en el seguimiento a pesar de nuestras caí-
das, nuestros errores, incluso nuestras traiciones.

Pero esta bondad del Señor no nos exime de la vigilancia frente al tentador, al pecado, al mal y a la traición que
pueden atravesar también la vida sacerdotal y religiosa.
Todos estamos expuestos al pecado, al mal, a la traición.
Advertimos la desproporción entre la grandeza de la llamada de Jesús y nuestra pequeñez, entre lo sublime de
la misión y nuestra fragilidad humana. Pero el Señor, en
su gran bondad y en su infinita misericordia, nos toma
siempre de la mano, para que no perezcamos en el mar
de la aflicción. Él está siempre a nuestro lado, no nos deja
nunca solos. Por tanto, no nos dejemos vencer por el miedo y la desesperanza, sino que con entusiasmo y confianza
vayamos adelante en nuestro camino y en nuestra misión.

Ustedes, queridos hermanos y hermanas, están llamados a seguir al Señor con alegría en esta Tierra bendita.
Es un don y también es una responsabilidad. Su presencia
aquí es muy importante; toda la Iglesia se los agradece y
los apoya con la oración. Desde este lugar santo, deseo
dirigir un afectuoso saludo a todos los cristianos de Jerusalén: quisiera asegurarles que los recuerdo con afecto
y que rezo por ellos, conociendo bien la dificultad de su
vida en la ciudad. Los animo a ser testigos valientes de la

pasión del Señor, pero también de su Resurrección, con alegría y esperanza.

Imitemos a la Virgen María y a san Juan, y permanezcamos junto a las muchas cruces en las que Jesús está todavía crucificado. Este es el camino en el que el Redentor nos llama a seguirlo. ¡No hay otro, es este!

"El que quiera servirme, que me siga, y donde esté yo, allí estará mi servidor" (*Jn* 12,26).

De la esclavitud del pecado a la libertad del amor

Es una gran alegría para mí poderos dar este anuncio: ¡Cristo ha resucitado! Quisiera que llegara a todas las casas, a todas las familias, especialmente allí donde hay más sufrimiento, en los hospitales, en las cárceles...

Quisiera que llegara sobre todo al corazón de cada uno, porque es allí donde Dios quiere sembrar esta Buena Nueva: Jesús ha resucitado, existe la esperanza para ti, ya no estás bajo el dominio del pecado, del mal. Ha vencido el amor, ha triunfado la misericordia. La misericordia de Dios siempre vence.

También nosotros, como las mujeres discípulas de Jesús que fueron al sepulcro y lo encontraron vacío, podemos preguntarnos qué sentido tiene este evento (cf. Lc 24,4). ¿Qué significa que Jesús ha resucitado? Significa que el amor de Dios es más fuerte que el mal y la muerte misma, significa que el amor de Dios puede transformar nuestras vidas y hacer florecer esas zonas de desierto que hay en nuestro corazón. Y esto lo puede hacer el amor de Dios.

Este mismo amor por el que el Hijo de Dios se ha hecho hombre y ha ido hasta el fondo por la senda de la humildad y de la entrega de sí hasta descender a los infiernos, al abismo de la separación de Dios, este mismo amor misericordioso ha inundado de luz el cuerpo muerto de Jesús y lo ha transfigurado, lo ha hecho pasar a la vida eterna. Jesús no ha vuelto a su vida anterior, a la vida terrenal, sino que ha entrado en la vida gloriosa de Dios y ha entrado en ella con nuestra humanidad, nos ha abierto a un futuro de esperanza.

He aquí lo que es la Pascua: el éxodo, el paso del hombre de la esclavitud del pecado, del mal, a la libertad del amor y la bondad. Porque Dios es vida, sólo vida, y su gloria somos nosotros: es el hombre vivo (cf. san Ireneo, *Adv. haereses*, 4,20,5-7).

Queridos hermanos y hermanas, Cristo murió y resucitó una vez para siempre y por todos, pero el poder de la resurrección, este paso de la esclavitud del mal a la libertad del bien, debe ponerse en práctica en todos los tiempos, en los momentos concretos de nuestra vida, en nuestra vida cotidiana. Cuántos desiertos debe atravesar el ser humano también hoy. Sobre todo el desierto que está dentro de él, cuando falta el amor de Dios y del prójimo, cuando no se es consciente de ser custodio de todo lo que el Creador nos ha dado y nos da. Pero la misericordia de Dios puede hacer florecer hasta la tierra más árida, puede hacer revivir incluso a los huesos secos (cf. Ez 37,1-14). He aquí, pues, la invitación que hago a todos: acojamos la gracia de la Resurrección de Cristo. Dejémonos renovar por la misericordia de Dios, dejémonos amar por Jesús, dejemos que la fuerza de su amor transforme también nuestras vidas y hagámonos instrumentos de esta misericordia, cauces a través de los cuales Dios pueda regar la tierra, custodiar toda la creación y hacer florecer la justicia y la paz.

Así, pues, pidamos a Jesús resucitado, que transforma la muerte en vida, que cambie el odio en amor, la venganza en perdón, la guerra en paz. Sí, Cristo es nuestra paz, e imploremos por medio de él la paz para el mundo entero.

Paz para Oriente Medio, en particular entre israelíes y palestinos, que tienen dificultades para encontrar el camino de la concordia, para que reanuden las negociaciones con determinación y disponibilidad, con el fin de poner fin a un conflicto que dura ya demasiado tiempo. Paz para Irak, y que cese definitivamente toda violencia, y, sobre todo, para la amada Siria, para su población afectada por el conflicto y los tantos refugiados que están esperando ayuda y consuelo. ¡Cuánta sangre derramada! Y ¿cuánto dolor se ha de causar todavía, antes de que se consiga encontrar una solución política a la crisis?

Paz para África, escenario aún de conflictos sangrientos. Para Malí, para que vuelva a encontrar unidad y estabilidad; y para Nigeria, donde lamentablemente no cesan los atentados, que amenazan gravemente la vida de tantos inocentes, y donde muchas personas, incluso niños, están siendo rehenes de grupos terroristas. Paz para el Este la República Democrática del Congo y la República Centroafricana, donde muchos se ven obligados a abandonar sus hogares y viven todavía con miedo.

Paz en Asia, sobre todo en la península coreana, para que se superen las divergencias y madure un renovado espíritu de reconciliación.

Paz a todo el mundo, aún tan dividido por la codicia de quienes buscan fáciles ganancias, herido por el egoísmo que amenaza la vida humana y la familia; egoísmo que continúa en la trata de personas, la esclavitud más extendida en este siglo veintiuno: la trata de personas es precisamente la esclavitud más extendida en este siglo veintiuno. Paz a todo el mundo, desgarrado por la violencia ligada al tráfico de drogas y la explotación inicua de los recursos naturales. Paz a esta Tierra nuestra. Que Jesús Resucitado traiga consuelo a quienes son víctimas de calamidades naturales y nos haga custodios responsables de la creación.

La Cuaresma sin la Pascua

Hay cristianos cuya opción parece ser la de una Cuaresma sin Pascua. Pero reconozco que la alegría no se vive del mismo modo en todas las etapas y circunstancias de la vida, a veces muy duras. Se adapta y se transforma, y siempre permanece al menos como un brote de luz que nace de la certeza personal de ser infinitamente amado, más allá de todo. Comprendo a las personas que tienden a la tristeza por las graves dificultades que tienen que sufrir, pero poco a poco hay que permitir que la alegría de la fe comience a despertarse, como una secreta pero firme confianza, aun en medio de las peores angustias: «Me encuentro lejos de la paz, he olvidado la dicha […]

Pero algo traigo a la memoria, algo que me hace esperar. Que el amor del Señor no se ha acabado, no se ha agotado su ternura. Mañana tras mañana se renuevan. ¡Grande es su fidelidad! [...] Bueno es esperar en silencio la salvación del Señor» (Lm 3,17.21-23.26). La tentación aparece frecuentemente bajo forma de excusas y reclamos, como si debieran darse innumerables condiciones para que sea posible la alegría. Esto suele suceder porque «la sociedad tecnológica ha logrado multiplicar las ocasiones de placer, pero encuentra muy difícil engendrar la alegría» [2]. Puedo decir que los gozos más bellos y espontáneos que he visto en mis años de vida son los de personas muy pobres que tienen poco a que aferrarse. También recuerdo la genuina alegría de aquellos que, aun en medio de grandes compromisos profesionales, han sabido conservar un corazón creyente, desprendido y sencillo. De maneras variadas, esas alegrías beben en la fuente del amor siempre más grande de Dios que se nos manifestó en Jesucristo. No me cansaré de repetir aquellas palabras de Benedicto XVI que nos llevan al centro del Evangelio: «No se comienza a ser cristiano por una decisión ética o una gran idea, sino por el encuentro con un acontecimiento, con una Persona, que da un nuevo horizonte a la vida y, con ello, una orientación decisiva» [3]. Sólo gracias a ese encuentro –o reencuentro– con el amor de Dios, que se convierte en feliz amistad, somos rescatados de nuestra conciencia aislada y de la autorreferencialidad. Llegamos a ser plenamente humanos cuando somos más que humanos, cuando le permitimos a Dios que nos lleve más allá de nosotros mismos para alcanzar nuestro ser más verdadero. Allí está el manantial de la acción evangelizadora. Porque, si alguien ha acogido ese amor que le devuelve el sentido de la vida, ¿cómo puede contener el deseo de comunicarlo a otros?

En la alegría de la Resurrección

¡Feliz Pascua! «*Cristòs anèsti! –Alethòs anèsti!*», «¡Cristo ha resucitado!– ¡Verdaderamente ha resucitado!». Está entre nosotros, ¡aquí en la plaza! En esta semana podemos seguir intercambiándonos la felicitación pascual, como si fuese un único día. Es el gran día que hizo el Señor.

El sentimiento dominante que brota de los relatos evangélicos de la Resurrección es la alegría llena de asombro, ¡pero un asombro grande! ¡La alegría que viene de dentro! Y en la liturgia revivimos el estado de ánimo de los discípulos por las noticias que las mujeres les habían llevado: ¡Jesús ha resucitado! ¡Nosotros lo hemos visto!

Dejemos que esta experiencia, impresa en el Evangelio, se imprima también en nuestro corazón y se transparente en nuestra vida. Dejemos que el asombro gozoso del Domingo de Pascua se irradie en los pensamientos, en las miradas, en las actitudes, en los gestos y en las palabras... ¡Ojalá fuésemos así de luminosos! Pero esto no es un maquillaje. Viene de dentro, de un corazón inmerso en la fuente de este gozo, como el de María Magdalena, que lloraba la pérdida de su Señor y no creía a sus ojos al verlo resucitado. Quien experimenta esto se convierte en testigo de la Resurrección, porque en cierto sentido resucita él mismo, resucita ella misma. De este modo es capaz de llevar un «rayo» de la luz del Resucitado a las diversas situaciones: a las que son felices, haciéndolas más hermosas y preservándolas del egoísmo; a las dolorosas, llevando serenidad y esperanza.

En esta semana, nos hará bien tomar el libro del Evangelio y leer los capítulos que hablan de la Resurrección de Jesús. ¡Nos hará mucho bien! Tomar el libro, buscar los capítulos y leer eso. Nos hará bien, en esta semana, pensar también en la alegría de María, la Madre de Jesús. Tan profundo fue su dolor, tanto que traspasó su alma, así su alegría fue íntima y profunda, y de ella se podían nutrir los discípulos. Tras pasar por la experiencia de la muerte y resurrección de su Hijo, contempladas, en la fe, como la expresión suprema del amor de Dios, el corazón de María se convirtió en una fuente de paz, de consuelo, de esperanza y de misericordia. Todas las prerrogativas de nuestra Madre derivan de aquí, de su participación en la Pascua de Jesús. Desde el viernes al domingo por la mañana, Ella no perdió la esperanza: la hemos contemplado Madre dolorosa, pero, al mismo tiempo, Madre llena de esperanza. Ella, la Madre de todos los discípulos, la Madre de la Iglesia, es Madre de esperanza.

El camino hacia el Reino

El Concilio Vaticano II, al presentar la Iglesia a los hombres de nuestro tiempo, tenía bien presente una verdad fundamental, que jamás hay que olvidar: la Iglesia no es una realidad estática, inmóvil, con un fin en sí misma, sino que está continuamente en camino en la historia, hacia la meta última y maravillosa que es el Reino de los cielos, del cual la Iglesia en la tierra es el germen y el inicio (cf. Conc. ecum. Vat. II, const. dogm. sobre la Iglesia *Lumen gentium*, 5). Cuando nos dirigimos hacia este horizonte, nos damos cuenta de que nuestra imaginación se detiene, revelándose apenas capaz de intuir el esplendor del misterio que supera nuestros sentidos. Y surgen espontáneas en nosotros algunas preguntas: ¿cuándo tendrá lugar este pasaje final? ¿Cómo será la nueva dimensión en la que entrará la Iglesia? ¿Qué será entonces de la humanidad? ¿Y de la creación que nos rodea? Pero estas preguntas no son nuevas, ya las habían hecho los discípulos a Jesús en su tiempo: «¿Cuándo sucederá esto? ¿Cuándo será el triunfo del Espíritu sobre la creación, sobre lo creado, sobre todo...». Son preguntas humanas, preguntas antiguas. También nosotros hacemos estas preguntas.

La Constitución conciliar *Gaudium et spes*, ante estos interrogantes que resuenan desde siempre en el corazón del hombre, afirma: «Ignoramos el momento de la consumación de la tierra y de la humanidad, y no sabemos cómo se transformará el universo. Ciertamente, la figura de este mundo, deformada por el pecado, pasa, pero se nos enseña que Dios ha preparado una nueva morada y una nueva tierra en la que habita la justicia y cuya bienaventuranza llenará y superará todos los deseos de paz que se levantan en los corazones de los hombres» (n. 39). Esta es la meta a la que tiende la Iglesia: es, como dice la Biblia, la «nueva Jerusalén», el «Paraíso». Más que de un lugar, se trata de un «estado» del alma donde nuestras expectativas más profundas se realizarán de modo superabundante y nuestro ser, como criaturas y como hijos de Dios, llegará a la plena maduración. Al final seremos revestidos por la alegría, la paz y el amor de Dios de modo completo, sin límite alguno, y estaremos cara a cara con Él (cf. 1 Cor 13, 12). Es hermoso pensar esto, pensar en el cielo. Todos nosotros nos encontraremos allá arriba, todos. Es hermoso, da fuerza al alma.

En esta perspectiva, es hermoso percibir cómo hay una continuidad y una comunión de fondo entre la Iglesia que está en el cielo y la que aún está en camino en la tierra. Quienes ya viven junto a Dios pueden, en efecto, sostenernos e interceder por nosotros, rezar por nosotros. Por otro lado, también nosotros estamos siempre invitados a ofrecer obras buenas, oraciones y la Eucaristía misma para aliviar la tribulación de las almas que están todavía esperando la bienaventuranza final. Sí, porque en la perspectiva cristiana la distinción ya no es entre quien está muerto y quien no lo está aún, ¡sino entre quien está en Cristo y quien no lo está!

Este es el elemento determinante, verdaderamente decisivo, para nuestra salvación y para nuestra felicidad.

Al mismo tiempo, la Sagrada Escritura nos enseña que la realización de este designio maravilloso no puede dejar de afectar incluso a todo lo que nos rodea y que salió del pensamiento y del corazón de Dios. El apóstol Pablo lo afirma de modo explícito, cuando dice que «la creación misma será liberada de la esclavitud de la corrupción, para entrar en la gloriosa libertad de los hijos de Dios» (Rm 8, 21). Otros textos usan la imagen de «cielo nuevo» y «tierra nueva» (cf. 2 P 3, 13; Ap 21, 1), en el sentido de que todo el universo será renovado y liberado una vez y para siempre de todo indicio de mal y de la muerte misma. Lo que se anuncia, como realización de una transformación que en realidad ya está en acto a partir de la muerte y resurrección de Cristo, es, por lo tanto, una nueva creación; no un aniquilamiento del cosmos y de todo lo que nos rodea, sino un llevar cada cosa a su plenitud de ser, de verdad, de belleza. Este es el diseño que Dios, Padre, Hijo y Espíritu Santo, desde siempre quiere realizar y está realizando.

Queridos amigos, cuando pensamos en estas realidades estupendas que nos esperan, nos damos cuenta de que pertenecer a la Iglesia es verdaderamente un don maravilloso, que lleva grabada una vocación altísima. Pidamos entonces a la Virgen María, Madre de la Iglesia, que vigile siempre nuestro camino y que nos ayude a ser, como ella, signo gozoso de confianza y de esperanza en medio de nuestros hermanos.

CRONOLOGÍA ESENCIAL
DE LA VIDA

1936 *17 de diciembre.* Jorge Mario Bergoglio nace en Buenos Aires de una familia oriunda de Asti (Turín, Italia) que emigró a Argentina. Su padre, Mario, fue contable en los ferrocarriles; su madre, Regina Sivori, ama de casa. Jorge será el primero de cinco hijos: Oscar, Marta, Alberto y María Elena.

1957 Después de graduarse como Licenciado en química, escoge la vía del sacerdocio y entra en el seminario diocesano de Villa Devoto.

1958 *11 de marzo.* Entra en el noviciado de la Compañía de Jesús y, dos años después (12 de marzo 1960), toma los primeros votos.

1963 Después de completar los estudios humanísticos en Santiago de Chile, regresa a Argentina, consiguiendo la licenciatura en filosofía en el Colegio San José de San Miguel.

1964-66 Enseña literatura y psicología en Santa Fe, primero, y luego en Buenos Aires.

1969 *13 de diciembre*. Es ordenado sacerdote.

1970 Completa los estudios en Teología, consiguiendo la licenciatura en el Colegio San José.

1973 *22 de abril*. Hace su profesión perpetua.

31 de julio. Después de haber sido Consultor, es nombrado Superior Provincial de los Jesuitas en Argentina.

1980 Es nombrado rector del Colegio San José y ejerce esa posición hasta el 1986, cuando va a estudiar teología en Alemania y a desarrollar investigaciones sobre Romano Guardini, con miras a completar su tesis de doctorado. Se ve obligado a interrumpir sus estudios en Alemania, a solicitud de sus superiores en Argentina que le requieren para cubrir otros cargos. Como sacerdote, desarrolla su ministerio en una parroquia de Córdoba.

1992   *20 de mayo*. Después de haber desarrollado por varios años el ministerio de director espiritual y confesor, es nombrado por Juan Pablo II obispo auxiliar de Buenos Aires, estrecho colaborador del Cardenal Antonio Quarracino, de quien recibe (27 de junio) la ordenación episcopal. Escoge como lema *"Miserando ataque eligiendo"* ("Teniendo piedad, lo escogió") y en su escudo entra el cristograma *IHS*, símbolo de la Compañía de Jesús.

1993   *21 de diciembre*. Es nombrado Vicario General de la arquidiócesis.

1997   *3 de junio*. Es promovido a arzobispo coadjutor de Buenos Aires y, al año siguiente, con la muerte del Cardenal Quarracino, le nombran (28 de febrero) guía de la Arquidiócesis, volviéndose también primado de Argentina.

2001   *21 de febrero*. Es ordenado Cardenal por Juan Pablo II.

2005   Participa en el Cónclave en que eligen a Benedicto XVI.

2013   *11 de febrero*. Benedicto XVI anuncia su decisión de dejar el ministerio de Pedro para el día 28 del mismo mes.

13 de marzo. Es elegido Sumo Pontífice y toma el nombre de Francisco: primer papa latinoamericano, primer papa jesuita, primer papa con el nombre de Francisco.

7 de abril. Se asienta como obispo de Roma en la "Cathedra romana".

24 de junio. Instituye una Pontificia comisión para el Instituto para las Obras Religiosas (IOR).

29 de junio. Publica su primera encíclica, *Lumen fidei*, llevando a cumplimiento el documento dejado en herencia por Benedicto XVI.

8 de julio. Cumple una histórica visita apostólica a la Isla de Lampedusa.

22-29 de julio. Participa en la Jornada Mundial de la Juventud en Rio de Janeiro, Brasil.

22 de septiembre. Visita pastoral a Cagliari.

28 de septiembre. Instituye el Consejo de Cardenales con la tarea de ayudarlo en el gobierno de la Iglesia universal y de empezar el proceso de revisión de la Constitución apostólica *Pastor Bonus* sobre la Curia romana.

4 de octubre. Visita pastoral a Asís.

24 de noviembre. Publica la Exhortación apostólica *Evangelii gaudium*.

2014   *22 de febrero*. Convoca el Consistorio para la creación de nuevos cardenales.

27 de abril. Canonización de Juan XXIII y Juan Pablo II.

24-26 de mayo. Romería a la Tierra Santa.

Junio-julio. Visitas pastorales a Jonio (21 de junio, a las diócesis de Campobasso-Boiano y Isernia-Venafro (5 de julio), a Caserta (26 de julio).

13-18 de agosto. Viaje apostólico a Corea, con ocasión de la VI Jornada de la Juventud Asiática.

21 de septiembre. Viaje apostólico a Tirana (Albania)

19 de octubre. Solemne beatificación de Pablo VI.

25 de noviembre. Visita al Consejo de Europa y al Parlamento Europeo

28-30 noviembre. Viaje apostólico a Turquía.

2015 *12-19 de enero*. Viaje apostólico a Sri Lanka y Filipinas.

14-15 de febrero. Convoca el Consistorio para la creación de nuevos cardenales.

LISTADO DE LAS FUENTES

I
LAS CADENAS DEL MUNDO

El afán de poseer: Ángelus, 2 de marzo de 2012 (www.vatica.va)

La falsa alegría de lo efímero: Discurso a los seminaristas, 6 de julio de 2013 (www.vatica.va)

La estéril enfermedad del pesimismo: Evangeli gaudium, 24 de noviembre de 2013, nn. 84-86 (www.vatica.va)

La industria de la destrucción: Homilía al Cementerio del Verano, 1 de noviembre de 2014 (www.vatica.va)

La paradoja de la abundancia: Discurso a la FAO en Roma, 20 de noviembre de 2014 (www.vatica.va)

Los mecanismos del consumismo desmesurado: Discurso al Parlamento Europeo, 25 de noviembre de 2014 (www.vatica.va)

Las tentaciones del Pastor: Discurso a la Asamblea General de la CEI, 19 de mayo de 2014 (www.vatica.va)

No apoderarse de la viña: Homilía, 28 de marzo de 2014 (www.vatica.va)

II
CAMBIAR EL CORAZÓN

Somos criaturas, no somos Dios: Homilía en la Basílica de Santa Sabina, 5 de marzo de 2014 (www.vatica.va)

Escuchar la palabra de Jesús: Ángelus, 16 de marzo de 2014 (www.vatica.va)

El coraje de mirarse adentro: Ángelus, 23 de marzo de 2014 (www.vatica.va)

La llamada a la conversión: Homilía, 28 de marzo de 2014 (www.vatica.va)

¿Dónde esta mi corazón? Homilía del Domingo de Ramos, 13 de abril de 2014 (www.vatica.va)

Abrirse a la luz: Ángelus, 30 de marzo de 2014 (www.vatica.va)

El alfabeto del espíritu sacerdotal: Audiencia general, 12 de noviembre de 2014 (www.vatica.va)

III
EL CAMINO DE LA VIDA CRISTIANA

Hacer camino: Discurso al Movimiento Adultos Scouts Católicos Italianos, 8 de noviembre de 2014 (www.vatica.va)

La fuerza de la oración: Ángelus, 20 de octubre de 2013 (www.vatica.va)

Observar los mandamientos: Video mensaje a los participantes en la iniciativa "Diez plazas por diez mandamientos" (www.vatica.va)

Confiar en la paciencia de Dios: Homilía en la Basílica de San Juan en Letrán, 7 de abril de 2014 (www.vatica.va)

El coraje de la creatividad: Discurso a los a participantes en la Asamblea General del Movimiento de los Focolares, 26 de septiembre de 2014 (www.vatica.va)

Contigo crearemos grandes cosas: Homilía en la Misa de Confirmación, 28 de abril de 2013 (www.vatica.va)

Adelante en la senda de la santidad: Audiencia general, 1 de octubre de 2014 (www.vatica.va)

IV
EN LOS CAMINOS DEL HOMBRE

Miembros de una Iglesia madre: Audiencia general, 3 de septiembre de 2014 (www.vatica.va)

A la escuela de la misericordia: Audiencia general, 1 de septiembre de 2014 (www.vatica.va)

Poner nuestros dones al servicio de la comunidad: Audiencia general, 1 de octubre de 2014 (www.vatica.va)

Escuchar el grito de los pobres: Discurso a los participantes del Encuentro Mundial de Movimientos Populares, 28 de octubre de 2014 (www.vatica.va)

El reto de la familia: Discurso a los participantes en la Asamblea Plenaria del Consejo de Conferencias Episcopales de Europa, 3 de octubre de 2014 (www.vatica.va)

Por una cultura del matrimonio: Discurso a los participantes en en el Coloquio Internacional organizado por la Congregación para la Doctrina de la fe, 17 de noviembre de 2014 (www.vatica.va)

V
LA CRUZ Y LA RESURRECIÓN DE JESÚS

Se entregó por mí: Audiencia general, 27 de marzo de 2013 (www.vatica.va)

Aprender a amar la Cruz: Homilía del Domingo de Ramos, 24 de marzo de 2013 (www.vatica.va)

Juntos en el dolor y en el amor: Discurso en la Vía Crucis con los jóvenes, Copacabana, 26 de julio de 2013 (www.vatica.va)

Delante del Señor que sufre: Encuentro con los sacerdotes en la Iglesia de Getsemaní, 26 de mayo de 2013 (www.vatica.va)

De la esclavitud del pecado a la libertad del amor: Mensaje "Urbi et Orbi", 31 de marzo de 2013 (www.vatica.va)

La Cuaresma sin la Pascua: Evangeli gaudium, 24 de noviembre de 2013, nn. 6-8 (www.vatica.va)

En la alegría de la Resurrección: Regina Coeli, 21 de abril de 2014 (www.vatica.va)

El camino hacia el Reino: Audiencia general, 26 de noviembre de 2014